《胎儿的梦》陈峰演出剧照
摄影师 尹雪峰

《胎儿的梦》陈峰演出剧照
摄影师 尹雪峰

疯子自述

当过横漂，跑过龙套；
科班表演，北京八年；
探寻心理，唤醒自己；
戏剧梦想，热爱剧场；

组织痛点，戏剧呈现；
院校产研，企业淬炼；
边教边演，理论实践；
走南闯北，痴心不变；

表演教师，疯癫十年；
企业赋能，认证教练；
声台形表，即兴天性；
舞台讲台，生活生命；

君子不器，英雄孤胆；
害怕遗憾，唯有勇敢；
本无自我，何苦介绍；
满纸荒唐，于君一笑。

即兴戏剧《另外的世界》陈峰演出剧照
摄影师 胡寅乔

SATURDAY NIGHT LIVE
喜剧演员的意义并不平庸
每一步都是发现
陈峰
Chen Feng
《超能实习生》

陈峰演出综艺海报

话剧《非常悬疑》陈峰演出剧照
摄影师 王亭

话剧《非常悬疑》陈峰演出剧照
摄影师 王亭

“变化中的行动者”工作坊

“创新型组织 · 灵感协作”工作坊

“呼吸式沟通”工作坊

“共创的力量”工作坊

“文化践行者”工作坊

“多元文化融合”工作坊

看见彼此

陈峰“戏剧领导力”课程现场

戏剧领导力

陈峰　著

机械工业出版社
CHINA MACHINE PRESS

图书在版编目（CIP）数据

戏剧领导力 / 陈峰著 . —北京：机械工业出版社，2024.6

ISBN 978-7-111-75904-1

Ⅰ. ①戏… Ⅱ. ①陈… Ⅲ. ①企业领导学 Ⅳ. ① F272.91

中国国家版本馆 CIP 数据核字（2024）第 105855 号

机械工业出版社（北京市百万庄大街 22 号 邮政编码 100037）
策划编辑：李文静 责任编辑：李文静
责任校对：王荣庆 张 薇 责任印制：张 博
北京联兴盛业印刷股份有限公司印刷
2024 年 8 月第 1 版第 1 次印刷
170mm×230mm・16.25 印张・7 插页・170 千字
标准书号：ISBN 978-7-111-75904-1
定价：89.00 元

电话服务 网络服务

客服电话：010-88361066 机 工 官 网：www.cmpbook.com
010-88379833 机 工 官 博：weibo.com/cmp1952
010-68326294 金 书 网：www.golden-book.com
 机工教育服务网：www.cmpedu.com

戏剧，是自由的

龙丹妮／哇唧唧哇创始人

戏剧，是自由的

生活好像总是给了我们一些限制，我们必须扮演既定的角色、完成既定的任务，想打破限制或者切换角色，需要花费很大的力气。而在戏剧里，我们可以肆无忌惮一些了：去体验生活中不敢、不能、不曾经历的心跳时刻。

戏剧是自由的，它在调动我们的直觉、感受、感官来理解这个世界

很多时候，我们被头脑中的“应该”绑架着，头脑里有个小人儿在指挥，而身体里有个小人儿却不想服从。当我创作一个作品感到焦灼又无法厘清的时候，我的经验和一位心理学家说的一样：头脑想做一些东西，而身体却没有共鸣，此时不要听你的头脑的，去听你的身体在说什么。有时候是你的身体有共鸣，头脑却不知道怎么做，此时也试图不要听你的头脑的，而是听你的身体的。不知道怎么做，就追随那个身体原始的共鸣，用直觉作为行动的指南，这

样往往都会有令人惊喜的结果。

戏剧是自由的，让我们从已知的世界中看见未知的世界

人生如戏，我们自己生活中的这场戏，只是其中一个版本。戏剧像是通往多元宇宙的门，每一扇门背后都是一个全新的冒险故事。在那些未知的世界里，我们创建剧情、关系、感受、台词，或浪漫，或老套，或彪悍，我们自由地穿梭在多元宇宙中，在任意一段剧情里，代入任意一个角色，释放生活中没机会展现的自己。

戏剧是自由的，不应是演员和艺术家的特权，而是每个人的自有的天赋

我从来都不认为戏剧是艺术从业者的专有品，生命多元的表达欲可以通过戏剧前所未有地被释放，也因此让我们可以看到更多具有旺盛生命力的表达者，每个人都不只是看客，每个人都可以有机会被自己激励或者受到瞩目。其实人人都可以“创造戏剧”，而我们也用戏剧给自己创造了一个鲜活开放的空间，让自己在戏剧中释放更多可能性。站在现在这个时间点上，每个人都来一场关乎自我的戏剧课程，该是多么有趣呀！

为什么“自由”对我们这么重要

在大消费市场，人们的创造思路似乎越来越单一，思考越来越局限于结果导向，这样往往我们能做出一个不错的作品，但鲜有那种令人心跳加速、激情澎湃、横空出世的作品（产品）。自由的思考

基于人的原始表达，慢慢地，自由地思考似乎成了一个稀缺的能力。在我的工作中，有机会接触到很有能量的人，他们在镜头前自在，在舞台上发光，在工作、创作过程中总是打破常规、自我重塑，挑战思考的边界，打破所谓“必须”或者“一定不”的束缚，充分尊重自己的感知，释放潜能，允许有能量流动的表现，活出本来就存在的可爱。在生活中他们也是特别有吸引力的人，人们愿意接近他们，和他们做朋友，也从他们身上获得启发和力量。我在想，这可能就是“自由”带给他们的“天性解放”，而在“自由”的背后又是一个极其富有“独立人格”的自建过程。

我之所以推荐陈峰老师的“戏剧领导力”课程，是因为在他的课上，我也感受到了，戏剧对任何一个人都有实现潜能的训练和引导作用，即尝试解放这种潜能，让身体中蕴藏的力量释放出来，相信它、被它引领，很多答案就自由呈现了。“自由”二字，意味着由着“自己的直觉”和“身体的渴望”来寻找答案。

腾讯咨询给被投公司创始人的培训中，加入了陈峰老师的“戏剧领导力”课程，让我看到一些平时严肃认真的创始人解放天性后呈现出的巨大能量。我深深地感到，戏剧不仅是给演员的训练，还是每一个需要释放影响力的人都可以去经历的修习。

在戏剧的自由里找寻内在的无穷能量，真的是一件很有趣的事情。

FOREWORD
推荐序二

戏剧中的"组织行为学"

李育辉 / 中国人民大学教授、博士生导师

我常常好奇，一部戏剧从剧本创作到排练公演的过程是如何发生的？为什么同一个演员，在不同的剧组中所呈现的表演状态是那么不同？如果把剧组看成一个组织，这个演员在组织中是如何被"激发潜力"的？导演在剧组中是如何"领导团队"的？剧组中的服装、灯光、道具、音乐等各个部门又是如何被"整合重塑"的？是怎样的"授权决策"平衡了组织中个人创造力和组织目标的实现？这些问题几乎涉及了组织行为学的各个领域。

研究组织属于我的专业领域，我在得到 App 上有关"组织行为学"的分享中提到，可以从三个角度来描述组织的规律：激发个体、领导团队、重塑组织，对于剧组的观察，也可以从这三个角度来进行。

演员的自我修养——从"主动性理论"看"激发个体"

"导演不能亲自代替演员演某个角色，必须靠引导激发演员的潜能，来完成对角色的诠释。"演员这份"工作"是典型的通过自我实现来完成的，而导演对演员"解放天性"的训练，实际上就是激发演员实现更大组织目标的潜能的过程。导演就像一个激励赋能的领

导，通过外部训练和内部驱动力的建立，推动演员超常规地演好某一个角色。对演员来说，扮演每一个角色都是探索一片新的领域，从陌生到熟练，完成一次变革式的蜕变。

以上这个过程，需要符合演员的内在渴望，进而使其主动寻求突破。演员在这份工作中，能够获得高度意义感。帕克尔的“主动性理论”说明创造高度意义感有两个边界条件：外部环境的评价体系；获得进步的榜样，或者是努力的阶梯。

这么看来，激发一个演员的潜能或许需要从三个方面入手：通过“解放天性”的练习，训练身体和心力；向榜样学习，发现努力的阶梯；获得社会大众的认可和期待，完成 IP 形象的塑造。从个体、榜样（他人）、社会三个方面入手，演员就在这样不断的修炼中，激发出新的可能性。

导演中心制——“领导团队”的精神领袖

一位著名导演曾经在接受采访时说：“中国人是很给导演面子的。”人们会因为一个导演相信一部电影。为什么导演那么重要，会成为一个剧组的灵魂人物，让那么多明星和专家都愿意全力支持？其中就藏着“领导力”的奥秘。

在《塞尔达传说》上线前几个月，任天堂总裁突然做出重大调整，把玩家在新手村的时间“从 3 天改为 1 天”，对游戏了解的人都知道这意味着什么。一个新的方案需要团队拿出几十倍的战斗力才能完成，这个过程中领导者的信念、坚持和沟通等极为关键。后来的事实证明，这个调整被市场充分认可，这个作品也成就了任天堂的经典 IP。背后的原因既是领导者的“睿智果敢”，又是领导者和团队成员的牢固关系与和谐联动：即使领导者临时修改目标，团队依然愿意跟着干，且有能力保证项目成功。所以，领导力的本质，在很大程度上体现为领导者和团队成员的互动品质。

一部戏剧，或者一部电影，投资巨大，涉及众多人和组织，要协调非常多的场景和设备，又要兼顾艺术创作和市场需求，这就需要一个强有力的领导者。所以从一个“导演”所要具备的能力和负责的范围来说，他不亚于一个创业团队的 CEO。

甚至，我有一个想法，可以把领导力的观摩课放在剧组来上。

即兴共创——去中心化“重塑组织”

一部戏剧的创作周期需要 6 ～ 12 个月。从建立剧组，演员和幕后团队会聚，到最后一场演出结束，大家在庆功宴上举杯祝福，互道“江湖再见”，就好像经历了一个组织“起、承、转、合”的完整生命周期。每一个“起”都是一个重塑组织的开始，导演在拿到剧本的阶段，脑海中就开始想最符合剧中角色的演员是谁，这个风格的舞美设计哪个团队最擅长。“先搭班子，再定战略。”班子搭好后，不同的人组织在一起产生奇妙的化学反应，再借由这种碰撞，迸发出新的火花……只要目标不变，带着一些“即兴”的心态，分享控制权，拥抱未知，就会创造无限可能。

你会发现，同样的剧本，不同风格的导演会有不同的质感，这就是去中心化的共创过程，每次领导者都在“重塑组织”中产出新的可能性。

一个剧组，就像一个组织行为学的沙盘

导演对于演员个体的激发程度，直接体现在演员的表演状态中。

导演对于幕后各部门的领导水平，也直接体现在演出整体的呈现效果上。

各工种的配合效果所呈现的“演出产品”，也影响着观众的评价。

观众的评价，也会带来票房的奖励或者惩罚。

这就是剧组作为一个组织的内部合作和外部竞争的运行机制。

人生如戏，一切都是隐喻。

戏如人生，我们以小见大，把庞大组织的行为放在戏剧中可以得到快速反馈，这也许就是“戏剧领导力”这门课的底层逻辑。

PREFACE
前 言

一本可以“查、练、变”的书

本书叫作《戏剧领导力》，戏剧领导力这个概念是我们在向中国人民大学商学院交付即兴戏剧工作坊时提出的，本书也是根据一个个不同主题、不同应用场景的工作坊的设计、交付、效果反馈的逻辑来写的。

体验式培训，本来就是一件非常“线下”的事情，所以这是一本“4D”的书：看文字可以想象，查方法可以练习，想问题可以思考，悟觉察可以感受。虽然我们是以书的形式把能量传递给你，但是真正的内容不是发生在“书上”，而是发生在你的“身上”。

可以说，这是一本可以“查、练、变”的书。

查

我在系统整理课程时，特意把每个章节的背景几乎都写成了具体企业里的应用场景，“团队共创”“拥抱变化”“跨部门协作”“价值观落地”“多元文化融合”等，这些就是我们为企业设计的针对具体痛点的解决方案。当你希望在团队中践行戏剧领导力的时候，可以把这本书当成工具书，根据书中的练习进行书里用文字描述的想象，把“假设”

变成“实践”，然后复盘刚才的经过，从复盘中感悟自己的行为模式。

当你想看背后的理论依据时，就可以翻到前面查阅戏剧领导力的解放天性的底层逻辑。

当你想看操作方法时，就可以翻到某一个练习来查阅操作步骤。

当你需要某一个主题工作坊时，就可以针对具体的工作坊来查阅用戏剧领导力的思维如何安排工作坊。

练

戏剧是行动的艺术所有改变基于行动，而我作为一个戏剧演员，其实都不承想也不擅长以“文字”这么书面的方式，来描述那些在自己身上和团队中发生的能量流动带来的奇妙变化。要知道，对一个专注于“体验式培训”的团队来说，冰冷的理论和说教是我们最嗤之以鼻的。所以这本书，也完全仅仅是一个引子和“工具使用说明书”，重要的是你需要根据书里的“123步”练习起来，这样，打开这本书，你才能仿佛身处“戏剧领导力”工作坊现场，和同学一起碰撞，从而激发出新的灵感和潜能。因此，读到有练习的地方，我建议你先来做一下当时提到的练习，再继续阅读后面的内容，就像你和工作坊里的同学一起在经历这个心流。在对工作场景的体验中，在知中行、在行中知，甚至在“不知”中“行”出“新知”，从而提升领导力。我最希望的，就是你把这本书翻开一章，浅浅看几页，然后合上书本，一知半解甚至不求甚解地就去试着做、跟团队练，然后在做的过程中回看书里的文字，也许这时你再读这些有限的文字，又会细品出无限的未尽之意。

变

因为篇幅的限制，本书中表述的都是最基本、最核心的练习和理论，并不能完全展现工作坊中多变的细节。具体的“戏剧领导力”工作坊，会根据企业所在行业（互联网或者医疗领域）、企业氛围（创业公司或者国企、央企）、发展规模和阶段（150人的创业团队或者拥有全球4万～6万员工的海外公司）、企业所在城市（深圳或者西安）、部门（销售或者财务）以及员工年龄（“70后”或者“95后”）、教育背景（海外留学或者一线职业技术培训）、性格（外向型或者内向型）等因素定制设计不同的解决方案。

因此，我希望你拿到这本书，就像一个导演拿到剧本一样。“一千个人心中有一千个哈姆雷特”，同样的剧本，不同风格的导演会在不同的背景下演绎出独特的画面。把书里的工具作为你的“起点”，去演变出最符合你所在组织的特性，也许这时你又会有新的感悟。你甚至可以通过这本书找到我，在微信上交流，这可能会激发出新的机缘，书以外的故事又被共创了出来。这也是我在书上留下联系方式的原因。

“戏剧是自由的”，“戏剧领导力”课程也是自在多变的，聚焦要解决的问题，手段可以千变万化，我希望你成为这本书的“主人”，让这本书变成你的“魔法棒”，创造出新的戏剧领导力现场。

想要写一本可以“查、练、变”的书，这也是我为什么在视频媒体如此发达的今天，依然愿意用书的形式记录戏剧领导力的初衷，因为它可以以“物理空间”的形式出现在你的生活中，以你的节奏影响支持你的情境。毕竟生活这个现场才是最好的“戏剧课”。

“解放天性”

本书从帮助“个人和组织解放天性”这个角度出发，解读“培训”在辅助个人和组织学习时所扮演的角色。

“现在的培训越来越难做了。”我们时常从企业里负责培训的同人那里听到这样的声音。台上的老师传授正确的知识，台下的学员却听不进、听不清、听不懂、坐不住、做不到、做不好。所以大家希望找到一些“新颖”的培训方式，可以让学员都参与进来。

“现在的培训越来越难做了”，其中有一个“时间”的概念。首先培训“现在”难做，说明培训曾经是容易做的；“越来越”难做，说明未来的趋势是有可能完全抛弃“过去”和“现在”的培训方式。为什么会这样呢？可能有这么几点原因。

（1）培训的“扫盲时代”已经结束，老师和学员并不存在信息差。

我们看见过台上老师讲的内容，台下学员马上可以在网上搜索到更全面的内容，若老师有纰漏还会当场挑战老师的权威。从知识的保有量来说，教学之间并不存在信息差，这意味着学员不再需要老师从网上搜集素材制成 PPT 在培训中宣讲。在未来 ChatGPT 等人工智能工具普及的时代，人们甚至可以实现对知识“不求甚解”，就能更有创造性地完成工作。

（2）老师的道理和学员的人生无关。道理说起来简单易懂，做起来千难万难。

那些培训中标准的正确答案都似曾相识，好像在电影里、小说里、公众号里、短视频里甚至墙上的标语口号里重复过千百遍。学员也听出了免疫力，好像台上说出上半句，台下就能对上下半句，我们离“道理”越近，就离真实的生活越远。

（3）学员不想只做老师的观众，也想成为被看见的主角。

Z世代[㊀]的员工，没有几个是关注马斯洛的底层需求的，每个人一进公司似乎都希望“自我实现”。所以在培训中，他们不希望一直看着老师在台上表演，最好自己也能成为台上的主角，被大家关注。很多人说自己内向，但心里都渴望被支持、被认可，这成为参与课程的一部分。“很多人一生的目标都是被看见”，所以我们在“体验式工作坊的TTT课程”中强调：让你的学员当主角。

（4）很多时候，学员比老师更了解实际情况。

老师并不真正知道学员的处境。这些道理很对，但未来的工作还需要学员来面对；系统性困境的实际情况远比培训课堂上复杂10倍。往往解决问题的方法都来自学习者，而非传授者，因此培训就容易出现“人走茶凉，回到原样”的情况。

从以上4点原因中，我们可以感觉到有些能量在培训课堂上被压抑，在这些能量中，每一个人都有着很多的资源、巨大的天赋，而组织中也存在着很多没有被挖掘的潜力。我们感受到了学员的潜力和创造力，也深知未来改变组织的力量就来自这些学员的潜力。因此体验式培训以解放个人和组织的天性为目标。我们用体验式培训的方式，把市面上热门的培训主题重新梳理了一遍，形成了“戏

㊀ 通常指1995～2009年出生的人。

剧领导力”系列工作坊。

干别人的事容易走神儿，干自己的事才会较真儿。所以体验式培训有以下几个特点：把焦点从老师身上，转移到学员身上；从关注他们的案例，到关注我们的情境；以演代练，百病百治。

体验式培训不仅用听、想、说、写的方式做“假设”，还用痛点练习、情景重现、模式优化、最优解方案呈现、行动策略试错迭代等“实践”方法进行演绎。

这就是“戏剧领导力”课程的底层设计思路，即用“戏剧化”的场景，呈现个人和组织的行为模式。在课堂上，“领进门”的师傅，主要引导个人和组织当场“修行”。在工作坊中，直接调动学员现有的资源和认知，释放他们的个人天赋和组织潜能，边做边迭代。让领导力在具体场景中得到实践，修炼优化出新的模式，再复制到公司实际工作场景中，形成“肌肉记忆”。

在一次“文化践行者”工作坊交付结束后，负责人说：“我预想过现场效果会很好，但是没想到后期效果也这么好。”

这也许就是“戏剧领导力”工作坊受欢迎的原因，它恰好符合了人们对“未来培训”的需要。我们在组织里工作，不仅仅是为了一份收入，也是为了通过组织协作为他人创造价值，为自己实现价值，看见潜力甚至实现人生意义。从这个角度来看，体验式培训的意义就是帮助个人实现自身的可能性，帮助组织突破更多的阻碍，发现团队创造的潜力。

CONTENTS

目　录

推荐序一　戏剧，是自由的（龙丹妮 / 哇唧唧哇创始人）

推荐序二　戏剧中的“组织行为学”（李育辉 / 中国人民大学教授、博士生导师）

前言　一本可以“查、练、变”的书

知篇 · 思维与理论

“没有理论指导的实践，是盲目的实践”

企业为什么要采购戏剧课解决领导力问题

第一章　什么是戏剧领导力　2

戏剧 vs 领导力　2

领导力转化模型　6

解放天性的底层逻辑　11

成为完整、勇敢、行动的人　15

归来学长，有分享　16

第二章　戏剧领导力在企业中的应用场景　20

从互联网公司到具备互联网思维的公司　20
戏剧中无处不在的“隐喻”　21
导演的五重困境　22
领导者的英雄旅程　37
归来学长，有分享　38

第三章　戏剧领导力中的即兴戏剧　42

当话剧演员遇上即兴戏剧　42
演什么故事，演员根本不知道　43
“Yes,and”：即兴团队的救命稻草　44
戏剧领导力练习“拍手叫停”　44
团队不会让你独自冒险　48
即兴团队的三大品格　50
用戏剧做沙盘：先有好团队，再有好故事　56
归来学长，有分享　57

第四章　戏剧领导力中的三个角色：“演员、编剧、导演”　61

戏剧中的“心、脑、腹”　61
演员：体验者，最有灵气的用“心”人　62
编剧：设计者，思辨权衡的最强大“脑”　63
导演：组织者，汇聚意志和行动的“腹”　64
工作就是“演员、编剧、导演”三个角色切换　66

表演训练中的“三种关系” 71

归来学长，有分享 75

行篇·感受与行动

“脱离实践的理论，是空洞的理论”

戏剧课，可以为企业解决什么问题

第五章 **给管理团队的工作坊：“共创的力量”** 80

共创：甜蜜的负担 80

戏剧领导力练习“自由联想” 86

敏捷团队的三个约定 87

“自由联想”背后的练习 91

归来学长，有分享 93

第六章 **给销售部门的工作坊：“变化中的行动者”** 98

预感变化、拥抱变化、创造变化 99

戏剧领导力练习“神秘礼物” 101

领导者的共性 104

“拥抱变化”：“Yes,and” 106

戏剧领导力练习“幸运的是、不幸的是” 109

“神秘礼物”背后的练习 111

归来学长，有分享 114

第七章　**给创意团队的工作坊："创新型组织 · 灵感协作"**　118

40 张桌子和 80 个人的交通堵塞　118

另一个解题思路　120

行动协作 vs 灵感协作　121

好的点子，总是忘了是谁的　122

戏剧领导力练习"共创故事"　124

用"Yes,and"讲出团队好故事　126

"共创故事"背后的练习　129

归来学长，有分享　134

第八章　**给跨部门协作的工作坊："呼吸式沟通"**　138

戏剧领导力练习"猜词游戏"　138

"猜词游戏"背后的练习　139

什么是同理心　141

表演训练就是同理心的训练　142

像呼吸一样沟通：双向倾听　144

"说"是为了"听"　145

沟通中的能量密度　146

猜词人：专注，我看见你　147

戏剧领导力练习"双头怪"　148

"双头怪"背后的练习　152

归来学长，有分享　154

第九章 **给文化价值观落地的工作坊："文化践行者"** 158

如何让文化价值观喜闻乐见 158

"Yes,and"的文化价值观 160

即兴戏剧的排练就是文化价值观排练 162

戏剧领导力练习"电影海报" 162

"电影海报"的三个团队文化 165

敏捷文化的三个可视化标准 171

"电影海报"背后的练习 179

文化价值观：让原本不能胜任的人，得以胜任 185

文化践行：与光辉品格同行 186

归来学长，有分享 189

第十章 **给"我"和"我们"的工作坊："多元文化融合"** 193

我和我们："多元文化融合"的三个层次 193

戏剧领导力练习"火星语" 195

"火星语"背后的练习 197

"允许"可以给我带来什么 197

戏剧领导力练习"火星翻译" 198

"火星翻译"背后的练习 203

戏剧领导力练习"宇宙诗人" 206

"多元文化融合"工作坊三段式 211

归来学长，有分享 214

知行合一篇 · 正在生成的未来

“未来与即兴共舞，所有改变基于行动”

第十一章 “戏剧领导力”工作坊面向未来的八个即兴精神 218

即兴精神一：说出肯定 219

即兴精神二：不仅说“Yes”，还要说“and” 220

即兴精神三：没有错误，只有机会 222

即兴精神四：让你的队友更精彩 223

即兴精神五：运用你的整个身体 225

即兴精神六：忽略你脑海中评判的声音 227

即兴精神七：聚焦在接收和给予上 230

即兴精神八：给自己一些冒险和挑战 231

唯有勇敢，不止即兴 234

理论与思维·知篇

“没有理论指导的实践，是盲目的实践”

企业为什么要采购戏剧课解决领导力问题

CHAPTER 1
第一章

什么是戏剧领导力

戏剧 vs 领导力

什么是“戏剧领导力”？这里面有两个概念：“戏剧”和“领导力”。

戏剧

提起戏剧你会想到什么?《茶馆》?《雷雨》?《哈姆雷特》?我们会觉得莎士比亚的思考太深刻了，戏剧也离我们很远，如果不是演员，估计一辈子登上舞台的机会屈指可数。每到年底，不止即兴[1]经常会受一些公司邀请帮员工排练年会上的表演，这些公司

[1] 不止即兴，是陈峰在国内创立的即兴戏剧品牌、注册商标，旗下有签约演员、编剧、导演，主要业务包括：即兴戏剧演出、舞台剧创作、综艺节目编创、戏剧领导力体验式培训、企业年会策划等。

员工在排练的过程中，从语言到身体都透露出一种自己不是专业演员的羞涩，当看到表演老师做示范的时候，都会流露出敬佩，觉得果然是“专业演员”，表现得就是到位。这些都是个人的限制性思维，其实戏剧的初衷就是呈现生活，而戏剧人，也都是观察、整合、表现生活中一个个鲜活的人和一件件真实的事儿，戏剧并不是居高临下的高级文化，它恰恰是从生活中生长出来的生命力的呈现。

不止即兴在国内刚开始推广“戏剧领导力”项目的时候，提出了一个口号：“全民戏剧”，即把戏剧的“舞台光”照在每一个人身上，而戏剧也不止剧场这个舞台，还有生活这个更大的舞台。著名戏剧大师彼得·布鲁克对于戏剧的定义是：“我可以选取任何一个空间，称它为空荡的舞台。一个人在别人的注视下走过这个空间，就构成了一幕戏剧。”到底是大师，没有一个字是多余的，这句话里面精准地归纳了戏剧的几个元素。

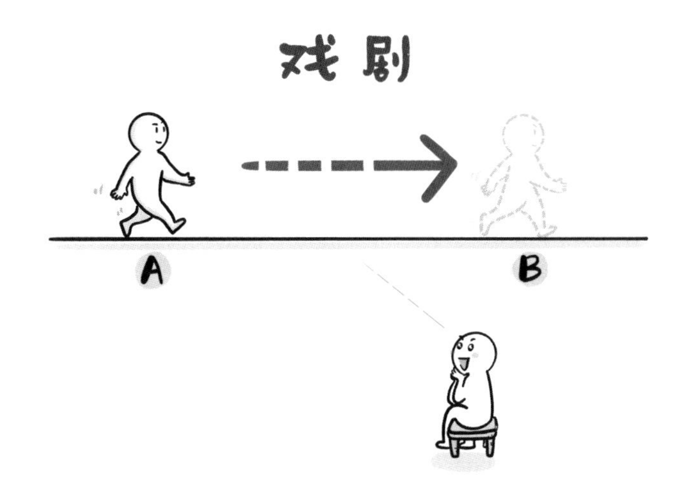

“**一个人**”：戏剧中要有一个表达者，他在呈现自己，也可以说他是戏剧的主角。生活中的我们都是自己故事的主角，我们在自己的剧情里喜怒哀乐、起起伏伏，既有外在表现，又有内在感受，总之，我们就是那“一个人”。

“**别人**”：这里的“别人”可以是故事里的另一个人，也可以是剧场里的观众，总之，他是一个接收者。剧场不能没有观众，不然演员就失去了表达的动力；生活中也不能没有“观众”，不然我们也会失去很多支点。怎么理解这句话呢？就好像我们把自己关在房间里，虽然生存条件上可以度日，但是有些人总是不舒服，想出去聚会，想见朋友，想去公司和同事面对面工作，很大一部分我们的“不舒服”，是来自缺乏了生活中的“观众”。我们经常说，不能活在别人的眼睛里，不要总想着别人怎么看我们。事实上，正是因为我们大部分时间都在乎别人怎么看自己，从而在某种程度上影响了我们的生活和行为。所以“别人”这个角色，一定是生活中永远存在的。

“**注视**”：这是一个决定性条件，如果表达者和接收者彼此没有连接，谁也不关注谁，那么他们就没有产生“关系”。守门员注视着有可能从任何方向飞来的足球，钓鱼的人注视着水面上的浮漂，送行的人注视着友人离去的方向，妈妈注视着刚学走路摇晃着靠近的孩子。正是因为他们在乎彼此，让这些注视发生，那些张力、氛围和关系就开始建立。

“**走过**”：行动，戏剧就是行动的艺术，故事中的每个人都有目标，并为目标而行动。他渴望什么，他恐惧什么，他为了渴望突破了什么，又因为逃避而做了什么，我们的生活中也是如此：考大学、找工作、谈恋爱，还有人选择了生小孩，我们正是由这一个个目标推动着一步步行动。

“这个空间”：场景。任何人和事都发生在一个特定的场景里，而“这个”就是时间，是此时此刻、当下发生的。戏剧就只有当下、时间的概念就是指当下此时此刻，这个故事就发生在观众面前，戏结束了，剧场从刚才的座无虚席回归悄无声息，刚才的故事就永远地留在了“上一刻”。因此，戏剧只存在于“当下”，生活也只是由当下这一刻构成的。

所谓戏剧：谁，在什么时空，以什么心情，在完成什么目标，被我们看见了。生活好像也是如此，所以“人生如戏”。

领导力

戏剧的概念讲完了，那“领导力”是什么？如果这本书要讲什么是领导力，那简直是班门弄斧。领导力有很多关键词，就像：感召、决策、倾听、沟通、创新、突破、担当、同理心、前瞻性、影响力、资源整合、不畏挑战、解决问题、5W1H分析、六顶思考帽、高效能人士的7个习惯，等等，它们以新的组合排列，就会形成新的流派。读者们对领导力也能浅说一二，大师彼得·德鲁克，更是用一生的时间从管理者的角度思考组织效能的提升，讲领导力的著作浩如烟海，所以在领导力方面，我们并不缺少理论、方法、模式，你可以把所有领导力的书当作本书的“附录”，因为本书讲的是“戏剧领导力”。如果本书在领导力理论上有任何需要的填补，大家请移步书店选购该领域专家作者的其他著作。事实上，我们在为企业交付的工作坊中，我们经常也会邀请在领导力领域有深入研究，并被市场高度认可的权威专家，一起为企业交付戏剧领导力课程。为什么这么做呢？“共创式教练”技术源头的发起人亨利·吉姆斯·霍斯（Henry Kimsey House，他最初也是一名演员），在《共创式教练：转变对话，蜕变人生》中描述了很多演员内在转化的方法。我不知道亨利经历了怎样的探索才有了这样的发现，我作为一个学习表演后来又从事话剧工作的演员，在开始学习“U 型理论”“组织动力”“教练技术”相关领导力课程后发现，演员的内在觉醒就像是一个领导者的核心稳定性成长之路；一个导演在组织协调一个有各工种、跨团队协作的剧组，排出一场大戏的过程，就像是一个领导者在影响一个团队克服挑战、朝着愿景前进的过程。

领导力转化模型

在长达数年的工作坊实践中，我们结合德鲁克等管理学理论，梳理出领导力转化模型：呈现—觉察—行动—转化。

呈现

当我们用语言描述一件事情时，语言的表达总是会有偏差，而对于语言信息的接收也会出现误解，因此，在“戏剧领导力”工作坊中，带领者选择直接放弃用语言讲述一个事件或者介绍一个理论知识，而是用还原现场的方式，通过表演呈现出痛点现场所涉及的“人、事、场”。人即：经历现场的当事人，事即：项目目标或组织痛点；场即：不在现场的相关利益方。在这个充分呈现的“现场”中是没有信息差的，所谓“呈现”，就是所有人共同经历、共同见证，并且多角度表达多立场。往往一个组织痛点是系统性的，并不能以单一要素描述情境，也并不由单一要素判断对错，甚至有些时候并不能够从单一要素划分责权，所以系统性的问题，就通过系统性的呈现，让“人、事、场”充分地被看见，这个呈现的过程，就充分释放了痛点中的各种要素，让所有人看到真正的“组织现状”是什么。

觉察

“当局者迷，旁观者清。”我们作为“当局者”经历过很多遍的场景中，也许有些信息一直觉察不到，而当我们“回放”这个场景，作为“旁观者”重看一遍时，自己就能发现很多信息。所以“戏剧领导力”工作坊并不是说教，而是让参与者自己厘清信息，这个过程就是“觉察”。正因为形成“现状”的要素多种多样，所以，在我们呈现了这些要素之后，就有了一个绝佳的觉察窗口期，在这个窗口期里，大家因为在一个独特的以戏剧隐喻的“第三方”场域中，有足够安全的可觉察空间，参与者复盘分享刚才所经历的“呈现”背后的作为模式，通过这个模式，看到模式背后的不合理信念或者限制性思维。

行动

在觉察到某些不合理信念或者限制性思维之后，要针对其做“一个点”的行动改变。我们在企业里强调针对“一个点”的行动，比如字节跳动为了落地“坦诚清晰、多元兼容”的字节范[1]，做的“一个点”是在公司里不能有职级称呼，不能叫“王老师、孙总、李院长、张姐、刘哥”。谁叫错了，被叫的人要罚他的款。那怎么叫？统一叫中文名。如果不知道叫什么，统一叫“同学”。同学是共同学习的人，也许这种称呼会让人感觉缺乏“人情味”，但就是这“一个点”的改变，让每个人心里种下了一个“平等对话”的心锚：我们只是“经验和专业”不同，并不存在“高低上下”之分。很多企业受困于团队成员不能“有话直说”，开会时都不敢表达不同意见。不能“有话直说”就是一个“系统性”的结果，我们不能直接影响“果”，而是应该在“因”上做功。“直呼其名”就是在“因”上做的“一个点”的改变。再举个例子：新兵入伍的一项重要训练就是把被子叠成“豆腐块”，甚至新兵连还会有叠被子比赛，针对角度、形状、大小都有着赛事级的标准。刚入伍的新兵不能理解，叠被子既不如野外徒步能锻炼体格，也不如看书学习能增加知识，为什么会被这么重视？与其花时间在练习叠被子上，不如花时间练习

[1] 字节跳动把自己的文化价值观简称为字节范。

枪法。当我参与一个军旅题材的剧本创作时和一个老兵聊过这个问题，他说：叠被子是在练习专注、严谨、钻研的精神，这些都是一个军人的基本素质，但为什么是叠被子而不是刷碗或者擦玻璃呢？因为“服从命令是军人的天职”，就像叠被子这种属于个人习惯的事情组织都要抓，就相当于告诉每一个入伍的新兵，进到这个军营就没有“私事”，全是“公事”，任何事都是关乎集体家国的“大事”。我们要把武装力量交给一心服从命令的人。所以，寝室里的被子叠不好，战场上的枪就打不好。什么叫“忠于国家、忠于党”，就是从“叠被子”的心锚开始塑造。千里之行，始于足下，任何系统性的主张和愿景，都是通过“一个点”的行动开始的。通常我们在组织诊断之后，找到的“一个点”行动一定要符合可执行、可量化、可反馈、可迭代这四个“可”中的至少具备三个，这样的行动才是有杠杆力量的。

转化

在“觉察”的环节里，我们提到组织痛点的成因是系统性的，如果希望推动系统改变，就从“一个点”的行动开始。“有话直说”的“一个点”行动是“直呼其名”；“服从命令”的“一个点”行动是“叠被子”。当这“一个点”行动开始时，系统的齿轮就开始转动了。有意思的是，虽然领导力转化模型有四步，但最关键的“转化”这一步几乎是自动发生的。我们大部分的经历和做功其实是在完成前三步，在前三步扎实完成之后，一点点的行动优化都会获得系统性的优化，所以第四步就像一个夹角一样，两条线接触的一端只要改变一点点，夹角的弧度就会无限延长放大。比如有一些公司开会的规则是："一号位"最后发言；或者这场会议不许说"不行"，要说"可以"，一定要说"不行"的话，要提出一个推进性意见。改变这"一个点"，整场讨论的基调就开始转化了。需要注意的是，在转化的阶段，有可能会出现动作变形或者执行不下去的情况。这就要回到第三步，看看行动的四个标准"可执行、可量化、可反馈、可迭代"中的哪一条不符合，然后重新设定行动计划。总之：

- "转化"是在组织里潜移默化发生的，即"积土成山"。
- "转化"是不可直接干预影响结果的，即"隔山打牛"。
- "转化"是需要实时微调保持校准的，即"时时擦拭"。
- "转化"是组织长期主义渗透深远的，即"利在千秋"。

所以"戏剧领导力"课程并没有创造更多新的领导力模型，相反，是贴合企业实践的领导力培训体系，并重新设计体验式模块，把"呈现—觉察—行动—转化"融入到课程实践和课后陪伴中，因此，随着一个个企业的邀请，我们着手为不同行业、不同部门的组织设计了"戏剧领导力"工作坊，也早在团队创立之初，就确定了"探索实践 + 体系梳理"的目标战略。

也许是巧合或者天意，戏剧领域有位大师叫彼得·布鲁克，而现代管理学之父叫彼得·德鲁克，一字之差让我经常称呼上"叫错"、意识里"交错"，因为在我看来，这两位大师都在做同一件事情：影响人的"外在行为"和"内在姿态"。

解放天性的底层逻辑

如何看待“天性”

如果你来到艺术学院学表演，第一个接触到的就是这四个字：“解放天性”。

汉字很有讲究，凡是和内在姿态有关的，都会有一个“心”字，我们也恰好把这些“字”当作“图”来看，比如。

“闷闷不乐”的“闷”：我的心被门关起来了。

“隐忍”的“忍”：有危险在我的心头，让我不能为所欲为。

“本心自悟”的“悟”：我和我的心在一起。

“愉悦”的“悦”：兑现了我的心意，我就愉悦了。

如果这么看，“解放天性”的“性”是一个“心”和一个“生”，是什么意思呢：你生来就有的那颗心。

“天性”是什么？天然天生的、与生俱来的、不需要向外部索取的，每个人都有选择的权力和可选择的资源。我们天生拥有丰富的条件，我们要做的就是发现这些资源，并释放和运用它们。

展开你的“生命地图”

我经常这样向表演班的学生描述：每个人生来都拿了一张地图，就像很多RPG㊀游戏开局一样，只是你刚开始玩游戏的时候，地图的很多区域都是黑影部分，游戏的前期阶段，我们都在不断地“开图”：做任务、升级、打小怪、找道具，甚至在初期我们会多次经历“重新来过”，但不要放弃，请回到上次存档点重新来过，因为当下的一切历练，都是为了迎接中后期的“大BOSS”（大怪物）做准备。随着我们不断试炼，这张地图慢慢被点亮，你发现了原来你的世界里有这么多资源、道具、隐藏奖励，解放天性的过程，就是通过一个个练习，点亮你本来就有的那张地图。

有些人会把游戏里的地图全部点亮，看见地图的全貌；也有些人，直到游戏中后期，也并没有点亮所有的地图。有些玩家在中途就放弃了，并没有发现“战点”，遇见“大BOSS”，也自然没有获得之后的大奖励了。

㊀ Role Playing Game，角色扮演游戏。

我经常说：我们以为已经点亮了整张地图，但你却不知道，你远比你想象的更厉害。甚至很多人不知道，他生来拿到的竟然是一张“藏宝图”。

把生命地图看成藏宝图

我们在电影里看到的有关藏宝图的情节，大致上是一张黄色的羊皮纸或者一块布，一群人在山洞里兴奋地拿着煤油灯照着看，并且对照上面的标注，按图索骥地找到了宝藏。虽然过程中会有曲折，但是总体上大家都确定了要去“寻宝”，而现实中“藏宝图”并不会以这样的形式出现。

首先，这张地图上就不会赫然写着“藏宝图”三个字，要知道，之前隐藏宝藏的人，并不希望这张地图被发现后，就让人都知道图里有宝藏。

其次，“藏宝图”里面的指示，也并不会是一个“保姆级教程”，不会有一套说明告诉你“123 步”怎么走，依葫芦画瓢就会找到宝藏。“藏宝图”里面的信息通常是以密码的形式出现的，并且往往是以易变的、不确定的、复杂的、模糊的、支离破碎的、不完整的形式出现。

最重要的是，你并不确信你拿到的就是一张“藏宝图”，万一没有宝藏呢？努力不一定会成功，但不努力一定会很舒服，所以大部分“躺平”的人，把手里的“藏宝图”当成了“逃生示意图”，不仅不打怪，还要躲着怪、一路抄近路。演员的解放天性过程，就是以寻宝的心态，像游戏里的英雄一样，不断地探索自己的内在地图，走出舒适圈，不断拓展边界，修路造桥，一路披荆斩棘，挑战终极“大 BOSS”，获得宝藏级的奖励。

表现 = 潜力 − 阻力

从“生命地图”的角度来讲，我们每个人的内在都有两种能量：一种是我们与生俱来的“潜力”，它无法命名、不可言状，是一种像是基因驱使的本能，它强烈、直接，驱使我们渴望冒险，它在乎内在感受，无时无刻不想要表达，具有无穷的创造力和可能性，是一种无法忽视的内在力量；另一种是限制我们的“阻碍”。相比“潜力”它显得羞涩、审慎、焦虑、无力、没有安全感，它不在乎内在感受，只在乎外在标准，所有的行动准则来自既有的评价体系。我们所有的外在表现，都是这两种能量相互抵消之后呈现的中和结果。

表演班的学生会跟我说：陈峰老师，我觉得某演员的戏演得好好啊。我就会说，如果你觉得他演得好，你看看他的表演背后发生了什么。表演训练并不是给演员做加法，好的表演老师不会在表演训练中教演员怎么哭、怎么笑，反而在训练中做减法，把“保护”我们那个壳一层层地剥离，把恐惧去掉、纠结去掉，预判、担心、防御、内耗，甚至偶像包袱、受害者心态、限制性思维、不合理信念，这些统统去掉，露出那颗最敏感、最本来的心。这颗心允许被触动，时刻能动容、随时可共情、处处有觉察；可以被伤害，就像一个对一切好奇又义无反顾的孩子，这样的心最有生命力，最有行动欲，最有热情，所以一系列的“表演训练”本质上是在启发演员排除杂念、突破阻碍，专注在内心的体验感受上，这个时候，潜力就被释放了。

解放天性的目标，就是突破阻碍、释放潜力。

成为完整、勇敢、行动的人

我在接受表演训练的过程中发现，一个演员的基本素质，也是每一个人稀缺的精神力量。一个演员可以在众目睽睽下，自在坦然地表现自己的潜力，这背后一定有着强大的精神支持。这一点，我在做一个国家队退役运动员转型项目的时候也深刻体会到了。一个运动员可以成为某一个领域的冠军，在取得这个结果的过程中，所伴随的除了身体素质的训练，更重要的是在练习诸如毅力、勇气、专注、坚忍等心理素质，而这些心理素质，恰恰是在组织合作中非常重要的品质。他在赛场上可以是王者，在职场中也一定不会是个怂兵。解放天性的训练，也是让我们突破自己、蜕变新生，成为一个勇敢的、完整的、行动的人。

到目前为止，我们简单描述了一下“戏剧领导力”工作坊的底层逻辑，也许会让你渐渐有了一点感觉，但这仅仅是一个开始，真正的戏剧领导力并不仅仅是解放天性，这只是一个前奏，就像《茶馆》里，大傻杨在幕布前敲着骨头，唱着数来宝，他手舞足蹈，而真正的好戏才刚刚拉开帷幕。

归来学长，有分享

/李诞 脱口秀演员

即兴戏剧好玩儿、有用，有机会的话人人都应该体验一次，没机会就先看看这本书。即兴戏剧在我理解就是过家家，对生活、工作都有帮助的过家家。过家家多好玩儿啊，只是我们长大了就忘了。

/陈吉凤 中国人民大学商学院首席人才官（CHO）高管项目负责人

2017年，中国人民大学商学院CHO[㊀]高管项目开设了陈峰老师团队的“戏剧领导力”课程。给高管的课程尤其要慎重，因为他们除了有丰富的管理经验，也有丰富的实战心得，什么样的课程才能打动他们？“戏剧领导力”课程给了一个很有趣的方案，让高管放下过往成就，走出舒适圈，进入到新的心流体验中。这个课程不试图教育人，而是给学员营造一个资源丰富的场域，让学员拿出自己的经验，借鉴别人的优点，坦诚、信任，“戏剧领导力”课程的魅力被一次次见证。

㊀ Chief Human Resource Officer，首席人力资源官。

/何朝霞
创问中国教练中心
创始人

我参加了陈峰老师的“戏剧领导力”工作坊，立刻被他的轻松、幽默和渊博学识所感染，个人和团队的喜悦与创造力满溢出来。如果你也想在职场和生活中拥有喜悦与创造力，提升幸福指数，强烈推荐你参加陈峰老师的“戏剧领导力”课程。

/张枕琴
默沙东（中国）投资
有限公司市场总监

我们团队成员一半以上都是新人，而且目测大多数成员都属于“社恐”青年，我很希望能通过这次团建让大家“热”一点，彼此伸出情感连接的触角。事后证明活动的效果比我想象的更为精彩，我们都对彼此展现出的“戏精”潜力大为惊叹，实现了一场不分年龄和工龄的同频共振！

如果说只能用最简洁的语言描述不止即兴的成功之道，我愿意称之为“不装”：脱掉偶像包袱、脱掉领导架子、脱掉新人惶恐、脱掉前辈说教，最奇妙的是这个课程让你在一种极度坦诚赤裸相见的状态下领会“人生如戏，全靠演技”的重要性。

/彭永东
贝壳集团董事长兼CEO

体验过陈峰主导的即兴戏剧工作坊，在表演场中大家异常沉浸，我们释放自己、彼此连接，颇有所获。当随机性的指针转向某个人时，我们会获得一种可能性，调取出另一个版本全然不同的自己，这是即兴与表演的双重魅力！最让我印象深刻的是“Yes, and”原则，看似简单，其实嵌入了更高阶的主体思维，观照在你那里所发生的一切。希望本书能够为有志于建设与创造更好个人或组织的人带来帮助，希望大家在实践本书理念的过程中不断成为更好的自己！

/王燕 复旦大学泛海国际金融学院高管教育部主任

我认识陈峰老师已经很多年了，最初相见是在复旦大学金融EMBA项目的“JOT蜕变之旅”课程导入，他风趣幽默，非常高效地让所有人快速投入到每一个环节中，最终回归到“Yes, and”理念。首次接触这样的上课形式，我发觉每个人都有这么高的可塑性。再往后，我也习惯于将“Yes, and”理念无形中运用到生活、工作的方方面面并且非常有感悟，这是一种惊艳到我的人生智慧。在这样的一种观念根植你的思维方式之后，从此人生没有那么多的苦难，一切都是“and”，让我来做些什么吧！感谢陈峰老师带来的礼物，也特别高兴每次看到老师的状态越来越好，加油！

/李晓红 腾讯咨询负责人、副总经理

在腾讯咨询组织的“C4创始人充电营”上，陈峰老师的即兴戏剧每次都能用层层递进的方法，让创始人们在捧腹大笑、解放天性的过程中，体会到悦纳变化、集体创造和敏捷领导力的魅力。

我记得有一次是文创类创始人专场，创始人们不仅仅满足于现场体验，还想知道背后的原理，因此，大家对戏剧领导力的方法论更感兴趣了。陈峰老师到底靠怎样的沉淀让一群完全不会演戏的陌生人，用很短的时间就能在一起迸发出出人意料的创造力，创始人们很好奇，我也很惊讶。

/牛如 艾尔建美学高级培训经理

我第一次见到陈峰老师，惊讶于他的年轻，心里想：“啊？这也行？”带着略微忐忑的心情参加即兴戏剧培训后，我收获的不仅仅是一次团队协作的体验，更是一种思维方式的转变。在BANI（脆弱、焦虑、非线性、不可知）时代，当我们因工作和生活中的各种意外焦虑时，或

许“ Yes, and”能帮助我们更加积极面对每一刻。对企业来说，即兴戏剧也可以用在各种业务场景中，这能帮助我们提高沟通能力、提升组织敏捷性。

/周涛
李锦记培训与发展经理

先谈谈陈峰老师吧，他给我的感觉是充满活力、热情，很会关注场下学员的状态，他讲述的内容和语调也很能抓住学员的注意力，属于能让学员培训了几个小时都不会分神的类型。再来谈谈我体验课程后的感受，距离第一次体验已经过去了一段时间，但是现场的环节我依然能够清晰地回忆起来，这就意味着培训的效果是好的，让我印象深刻。整个晚上的设计大体按照：先抛出难题（大家认为自己无法做到的那类）—解放天性等层层递进—克服难题（改变了大家的认知，原来自己是可以做到的）的脉络来开展的。其中很多环节都会和团队、高效、信任、认知相结合，我记忆最深的一句话是：每一个新加入的人都需要有价值。

/叶斌
心理学博士，注册心理师/督导师

戏剧在其基本的表演功能之外，作为一种体验教育和表达性治疗的方法在国内方兴未艾，正在被探索性地应用。因为它自带的感染力、表现力、内在感受性、外在感知力、随机应变、允许失控、突破限制、创造力等元素和特质，它被应用在组织建设、个人心理成长、身心治愈等领域。戏剧与领导力的跨界结合并不能算是新东西，但大有可为。戏剧在领导力培训方面，无论是在应用的深度还是广度上，目前所做的实践和理论探索都比较有限——尤其在国内——这样就给现在和未来的实践者留出了足够广阔的发展空间。非常期待有志于此和感兴趣的人一起去开疆拓土。

CHAPTER 2
第二章

戏剧领导力在企业中的应用场景

从互联网公司到具备互联网思维的公司

阿里和腾讯是最早一批和不止即兴合作开设“戏剧领导力”课程的公司，也许互联网领域就是充满了探索精神，因此从2016年开始，我们和国内互联网公司合作，开始了长期陪跑式的“戏剧领导力”系列课程。而后，该体验式课程模式正式进入零售行业、医疗行业、化工行业，以及新兴创业公司。

客户找到我们经常会提出这样的问题：

- 研发人员的技术过硬，但中高层管理者稀缺。
- 目前从业务中提拔上来的中高层管理者，曾经都是解决具体问题的一把好手，但是“自己做得好”和“带领一个好团队”，是两种完全不同的“科技树”。

- 部门内部的效率还算高，但往往推动项目时牵扯的部门众多，在部门与部门之间，会出现沟通延时、立场博弈、边界真空的情况，使项目进度推进缓慢。
- 团队中内向型员工、技术岗偏多，再加上有些员工见面机会不多，平时沟通不够积极主动，一些信息并不能直接沟通。

这些几乎是每一个公司都有可能出现的问题。这些问题不会涉及公司的“生死抉择”，却在细枝末节处影响着公司效能和团队文化。“戏剧领导力”工作坊，就是在解决这样一个又一个针对具体的人和场景的痛点问题。

戏剧中无处不在的“隐喻”

我们之所以用戏剧的方式做体验式培训，是因为戏剧本身是一个非常合适的第三方视角。在戏剧中，可以看到人与人的相处模式、人与组织的关系、组织与组织的连接、组织对人的支持系统，在“社会大剧院”的练习中，戏剧的场域像是一个信息丰富的沙盘，可以看到这个组织中出现的“卡点”和“隐喻”。同时，这些信息借由戏剧呈现，对组织里“抬头不见低头见”的同事们来说，戏剧场域更加安全，更容易建立真实的信任、更深的连接。

那么，戏剧中的领导力是如何体现的呢？我们来看一看，一个导演如果想要排演一部戏剧，从剧本创作到真正公演，他都需要面对什么吧。

导演的五重困境

一个导演在烧烤摊上跟朋友说："我正在准备排演一部戏剧。"如果是懂行的朋友，大概率会把这当成"醉话"听听，然后碰杯聊点别的。因为只有真正排演过一部戏剧的人，才知道有多难。考大学难不难？找工作难不难？谈恋爱难不难？买房子难不难？娶媳妇难不难？生孩子难不难？辅导孩子写作业难不难？

以上所有的"难"加在一起，我感觉都没有排演一部戏剧难。因此，当一位导演说"我要做一部戏"，你基本可以理解为：唐僧说"我要去西天"。

困境一：导演做不了演员的主

导演在看剧本的阶段，通常内心对于每一个角色都是有"内心视像"的。导演心中有一个标准，即他想象的男、女主角有什么气质，配角有哪些特点，也许只有导演最清楚每个角色如何演绎，但他并不能真正代替演员去表演，因为一部戏剧人物众多，导演顶多只能饰演其中一两个角色，如果导演做了演员，就没有人做导演了，所以在大概率情况下，导演是不能饰演任何角色的，他只能是那个在对面看着的人。即便演员并不能全让导演满意，导演也只能抓耳挠腮、百般鼓励。

为什么会这样呢？在选角阶段，演员并不完全是由导演决定的，这个演员团队往往是出于各种原因形成的：这位是制片人的外甥，那位是出资方的女友，这位小网红有点儿粉丝能保证票房，几个带资进组想买个锻炼机会的，还有一起吃烧烤的哥们儿，最后发现几个简历和实际能力相差甚远的，在种种众所周知又难以说清的原因下，这个演员团队就组建完毕了。

理想很丰满，现实很骨感，导演自己想得再好，也需要演员来落地。演员们又多少有些自命不凡，每个人都对角色有自己的理解，导演既不能代替演员演，又不能钻进他们的大脑里左右演员怎么想。

所以说导演是剧组的“一家之主”，但是“做不了演员的主”，此为导演的第一重困境。

企业场景

说到这里，明眼人就会发现，这就是部门领导或者项目总监面对的情境啊。招不到S级人才，Z世代年轻新员工又很有个性（已经跳出了马斯洛需求理论，员工不差钱儿，上手就要“自我实现”）。

困境二：想法难协调

演员的想法还多多少少受导演的影响，演员也会尊重导演的意见，毕竟他们还算是“执行层”，有问题也算是“人民内部矛盾”，而一部戏剧，除了演员之外还有很多团队。

（1）灯光组。

灯光负责营造一部戏剧最感性的氛围，如何通过明暗对比表现人物状态，如何用颜色表现剧情的基调，哪里是安静的沉思，哪里是高潮的战斗，哪里应用定点光、环境光、面光、追光、逆光、侧光、十字光、背景光？总之一部作品的视觉质感，主要体现在灯光上。这要听灯光设计师给出的专业意见和具体方案。

（2）道具组。

不同时代有不同时代的符号性道具，而舞台上道具的出现往往又伴随着人物的隐喻。《雷雨》里为什么周萍拿的是报纸而周聪拿的网球拍，周朴园的烟斗和繁漪的蒲扇怎么选择，周公馆的陈列和鲁贵的家有什么不同？这些也需要道具老师结合历史背景和剧情暗线来代替作者表现出剧本中的“未尽之言”。

（3）服装组。

一部《茶馆》涉及70多个角色，有名有姓的就50多个。如何让最后一排的观众一眼就看出来人物特征，答案是服装。我们能马上想到《西游记》中师徒四人服装的颜色：孙悟空是黄色、猪八戒是黑色、沙僧是紫色、唐僧是红色，每个人物穿着服装的款式、颜色及其配件，每一个视觉锤牢牢印在观众的记忆中。同时服装也对应着人物的隐喻，《雷雨》中周聪的白色代表他对爱的纯净、向往，繁漪的紫黑色透着对命运深深的怨恨，四凤热烈的红色是整个故事中难得的生命力，而周萍的青灰色长衫从肩膀垂直而下，磨平了所有身体的棱角，看不见希望。与其说演员穿的是服装，不如说这是他们从内而外表达的一个符号。所以服装组老师，除了对服装元素如数家珍，也要深入剧情和角色，让角色把“灵魂穿在身上”。（顺便一提：经常举《西游记》《雷雨》的例子，纯粹是因为这两部戏大家都知道，绝对不是因为我岁数大了。）

（4）舞美组。

舞美组是装修队里最懂戏剧的，戏剧人里最会装修的。装修一个家需要多久？在舞台上，搭起一个卧室只需要 15 秒。舞美包括舞台上所有的装置场景，戏剧就是空间的艺术，舞台上不仅要考虑呈现故事的环境，还要考虑环境之间的快速切换。演员上一秒还走在热闹的街道上，转身几步就回到了客厅。为了保证戏剧的流畅感，舞台切换的时间越短越好，与此同时，还要考虑一些虚幻的场景和时空，以及导演先锋的舞台概念。舞美组是敏捷的魔术师。

（5）音乐组。

戏剧怎么会没有音乐呢。往往一部好的戏剧，总会有一些留得下、记得住的音乐，更别说那些耳熟能详的音乐剧了。而在戏剧中，音乐也是氛围感知的体现，配合剧情不同的音乐会营造出不同的情境。除此之外，还有各种雷电风雨的音效，总之让故事包裹着观众，音乐组的氛围营造也是至关重要的。

这仅仅是内容创作团队，还有外围市场宣发、剧场接洽、演员行程、排练日程等各个团队。剧组就像是江湖，各个职能团队都是一个专业负责人带着一帮执行人员，可谓“八仙过海，各显神通”。一部完整、表演流畅的戏剧，就是要“服化道”相互配合，“声光电”衔接紧密，舞台装置要提前定下来，灯光才能知道往哪里打，音乐还要和灯光的变化卡点。有的工作前期做好了，后期发现不对之处，还要从头再来。有时候多条线、多个工种并行，有时候又要穿插交替进行，而更多的时候要共创进行。在这个过程中，有大量的协调工作，各个领域也都有自己的工作节奏，这些专业负责人都多少有一些行业地位，有的有能力，有的有脾气，有的有思想，有的有追求，艺术家绝大多数是特立独行的，达成共识的时候一团和气，遇到见解不同时经常气氛紧张，都是“老师”，谁也别教谁做事。

通俗一点，导演的第二重困境就是：如何协调各团队，让大家既把“事”做成，又把“气”理顺。

企业场景

陈可辛凭借《如果·爱》拿到最佳导演奖时，他的获奖感言是：“导演是剧组里‘最不专业’的人，摄影我不如摄影师，打光我不如灯光师，剪辑我不如剪辑师。”陈可辛并没有谦虚，他也并不会因为“不专业”而配不上最佳导演奖，相反，也许这就是最佳导演的典范。

这个“导演”像不像是企业里的“1号位”：他需要不断协调各个工种一起协作，处理冲突，化解误会，管理节奏，保证品质。导演艺术创作的本质，其实是支持更多艺术家发挥他们的天赋，完成一场共同的创作。也许作为“1号位”的导演并不一定是最专业的人，但一定是大家遇到困境时都想要寻求支持的人。你能支持多少人，就能成为多少人的“1号位”。

困境三：拿到剧本如何二度创作

除非导演自己就是编剧，大多数情况下，导演拿到剧本后是没什么机会跟编剧有更多交流的。导演都有一个实际问题需要独自面对：如何把一个二维的文字剧本，转变为一个鲜活的、激发视觉、听觉、触觉、嗅觉、想象力的戏剧。剧本里一句：爱丽丝来到了一个神奇的仙境，眼前的一切都是她从来没见过的。这个“神奇的仙境”将要如何表现？导演拿到这个“战略意图”之后，起码会从四个方面入手：首先要理解整个剧本的意图，其次要在剧本之外找到更多周边信息素材做支持，然后继续发挥自己的想象力看看如何锦上添花，最终再和团队一起商讨实现方案。一些小说改编成舞台剧或者影视剧的时候，原著粉丝大概率是不满意的，因为文字所能激发的想象力杠杆的力量是巨大的，同时文本是发散式的，不同的理解会有不同的可能，所以说“一千个人心中有一千个哈姆雷特”。剧本一旦成为可视化的戏剧，就是具象的、现实的、有局限性的，导演的创造性工作目标，就是在这种限制性条件下突破限制性思维，呈现出一个符合预期，甚至超越预期的舞台表现。

当然，导演并不是没有选择的。比如，剧本里有一句：对她来说仿佛晴天霹雳。

导演的方案一：全场漆黑一片，配合灯光频闪，一个响雷让舞台亮到刺眼，有宏大悲壮的音乐铺垫，舞美置景向后移动，女孩儿跑过一个又一个人像雕塑，那些雕塑象征着她曾经经历的美好时刻，最后女孩儿跌倒在川流不息、冷漠的人群中，一股流沙从舞台上如瀑布般撒下，隐喻着时光不回、覆水难收。女孩儿的身体蜷缩在流沙中抽泣，主题曲再次响起。

导演的方案二：女孩儿捂住胸口，惊讶地向后退，扶着桌边说：“怎么会这样。”

这两个方案高下立判、云泥之别，你觉得哪一个方案会让导演更接近最佳导演的奖杯？通俗一点，导演的第三重困境就是：如何把 80 分的计划，落地执行出 120 分的效果。

企业场景

一个奢侈品品牌准备在全球推广一个工作坊，主题是通过互动表演的形式让员工体验到幸福感和被关爱。该品牌在美国纽约总部邀请了各个国家和地区的负责人先来体验总部的工作坊，并以执行文件的方式请每个负责人带回到自己负责的国家和地区来落地执行。中国区负责人在总部体验之后当晚就很兴奋，给我打电话，她说我体验过你们的工作坊风格，在中国，只有不止即兴团队可以落地这个计划。因为总部希望落地到每个国家和地区时既保证“无损落地”又能够有“本土化定制”，所以会配合执行文档给予他们创作空间。于是中国区负责人向我描述了美国总部的工作坊现场和对于落地中国的期待。在看完执行文档、听完描述之后，我就向中国区负责人说了一句话：中国区一定会做得比总部还要精彩，我们要让全球看到“未来在东方”。这句话在当时听起来，确实有点夸大吹牛的感觉，但这其实是一种在“拿到剧本”时雄心勃勃的内在姿态。

陈可辛的获奖感言还有后半句，他说：“导演就是做选择的。”对企业来说，一个领导者，每天都在不断地做选择，不仅仅是对全球性组织，哪怕对一个公司来说也是一样。“战略框架”就是领导者拿到的“剧本”。一个文件离开总经理办公室，来到部门经理的办公桌上，也存在如何落地执行的问题。领导者如何理解总部的战略，做好本土化的落地，从文件方针到落地执行，中间还有很长的路要走。每到一个十字路口，领导者都要做一次“方案一”和“方案二”的选择。每一次选择是离公司的“使命愿景”更近还是更远了就看导演了。

困境四：是服务心中的追求，还是服务市场的需求

在喜剧片、战争片、武侠片、恐怖片、科幻片等影视分类中，“文艺片”是一个特殊的存在，它的存在就好像告诉其他分类：你们都不够艺术。除了文艺片，其他分类都能够清晰地识别出其特点，并说出代表作。比如喜剧片《夏洛特烦恼》、战争片《拯救大兵瑞

恩》、武侠片《新龙门客栈》、恐怖片《午夜凶铃》、科幻片《星球大战》。文艺片却好像不太容易识别，因此节奏推进缓慢、剧情似有若无、台词前后不搭、主角自说自话的这类影片，我看完不知道怎么分类，通常干脆就都归为“文艺片”吧。

以上纯属个人观点，不一定对。好像戏剧归为“文艺”之类，就获得了一个天然的解释，像是一个“林妹妹”，我可以诗情画意，可以哭哭啼啼，可以无理取闹，可以有小脾气，你不理解是你的问题，你不够“文艺”。

这里讨论的“文艺片”没有对错，只是举例看到不同的导演做出的不同选择。冯小刚因《甲方乙方》给中国电影创造了“贺岁片”的品类，后来他把“贺岁喜剧”贯彻到底，一骑绝尘。他本人因此成名，同时也饱受争议。后来冯小刚酝酿十年之久的《一九四二》终于如愿上映，冯小刚说这部电影是他多年以来的梦想，而未来再也没有体力和精力拍摄这么宏大题材的电影了。可见导演为此花了不少心血，制作团队也投入了大量的人力、财力资源。最终结果是票房惨淡，造成巨大的亏损。最终冯小刚不得不再拍一部《私人订制》赚回七亿多元票房。话剧也是如此，我就经历过导演要制作一部梦想中的话剧，没有人愿意投资，自己抵押了房子，投入全部身家资源，要完成一部心中的艺术，结果观众看不懂，最终血本无归。而一些小成本话剧，因为抓住市场需求痛点备受好评，一票难求。

为什么要说这些呢？这就是导演的第四重困境：是服务心中的追求，还是服务市场的需求。冯小刚一直用贺岁片“服务市场”，但他“心中的追求”是《一九四二》，但是“一九四二”是经历过“那段岁月”的人心中的记忆，对他们有着深深的影响，但这一批人并不是电影市场的消费主力，去看电影的年轻人对于“一九四二”这四个数字完全无感。他们没有共鸣，反而对于表现普通人体验别样生活这个题材的《私人订制》更有兴趣。虽然《一九四二》筹备多年，拍摄难度极大，而拍摄《私人订制》仅用了一个月，可以说是在“空调”下完成的，但是显然市场对于后者反馈更强烈，以至于这个系列一直有后续，甚至很多台词被广泛流传。

教我们电影的老师就在课上问过：电影是艺术还是商品？当时同学们分成了两大阵营争论不休。后来我进入话剧影视行业工作，一个非常有名的经纪人就有一个经典且偏执的观点：演员的所有价值就是商业价值。在她看来，一个演员成功与否的关键，就是其市场认可度。这种冰冷的没有艺术温度的观点，从侧面解释了导演的第四重困境：是服务心中的追求（即自己心中的艺术圣地），还是服务市场的需求？这对导演是一个“哈姆雷特式”的问题，它在某种程度上决定了“生存”还是“毁灭”。

也许就“艺术成就”而言，《一九四二》的很多电影镜头是可以用在编导教材中的，这是一部电影史上里程碑级别的作品，成全了导演心中的追求，但市场需求这个方面就不太令人满意了。

“是服务心中的追求，还是服务市场的需求”，这是一个没有标准答案的问题，它的中立性几乎到了作为辩论赛辩题的程度。想必《奇葩说》的辩手会像面对“博物馆大火，救一只猫，还是救一幅名画”这样的辩题一样，展开各有道理的辩论。如果你是一个敏感的读者，你会发现，在前文有关《一九四二》的描述中，我流露出了偏袒一方的立场。

为什么这一次我没有保持中立呢？因为我们并没有从“作品”的角度看导演该如何工作，如果导演用自己的资金实现自己的梦想，他完全有权做任何“先锋戏剧”的实验性探索，从结果上看，创作这个作品是一个“消费”行为。如果从“投资”的角度看，就要考虑市场真正的需求。为什么一定要从“投资”的角度来做一部戏剧呢？在企业经营过程中领导者这位“导演”没得选，他作为一个“职业经理人”只有一个选项：活下去，并让企业赢利。

企业场景

教电影的老师提出的那个问题早就有了标准答案：电影是商品。它的“艺术性”是为了服务“商业性”。就像商场里陈列着艺术雕塑，本质是为了吸引客单价更高的客户。电影作为一个大众商品，必须尊重市场需求。这是一个太没有人情味的冷血答案，也许老师就是想用这样的态度，告诫这些怀揣着梦想进入行业的年轻人，管理好“自我表达”，要尊重“市场规律”。因为一个剧组就像是一个公司，跟着你干的人是要养家糊口，希望将来飞黄腾达的，并不是来实现某个人梦想的，除非实现梦想的人负责买单。

所以字节跳动的“领导力原则”中有一条：关注实际效果。以用户为中心，避免自嗨和自我感动，注重有效性。

在组织中，我们会不会把自己的感受放大了，把自己的需求放大了？“我”要表达什么，“我”想做什么，而忘了“我”实际上提供了什么样的价值，我们这个部门在整个公司中提供着怎样的价值，我们这个公司为这个市场和社会提供着什么样的价值？在我们做的“文化价值观落地”项目里，很多公司都会把“以用户为中心”作为价值观的一条，是的，这就是个人存在于公司必需的，也是企业存在于市场必需的。其实这就是提醒我们不要忘了“初心”，只是时间久了，我们本末倒置了。

这也是为什么我们在写这一重困境时如此立场鲜明。这一关，往往是领导者要修炼打破自己的“心魔”要过的一道关。领导者要不断地控制自己内心的猛兽，以克制自我的心态，才能做到“小我大格局”。

最后我们再看回导演的第四重困境：是服务心中的追求，还是服务市场的需求，转化成企业的语境就是：如何让个人愿景和企业愿景保持平衡一致。

困境五：资金永远不够，资源永远不足

你猜为什么会有一个制作人的角色？因为要有人管钱。排戏就像

装修一样，很容易超预算。“来都来了”，既然都花到了“123”，再加一点就能达到“456”。制作人和导演永远是两个相互牵制的岗位。

事实上，一部戏剧的盈利是有上限的，钱花超了就赚不回来了，因此资金常常是有限的。作为一个导演，他既要实现天马行空的艺术创作，又要在有限的资源下控制花销，还得在市场上争取高票房回报。你看看，这简直是戏剧的“不可能三角”：又要马儿跑，又要马儿不吃草，不仅不吃草，最好还能带着大部队找到一片水丰草美的新天地。

导演的困境五：资金永远不够，资源永远不足

企业场景

看官又看笑了，可这次笑着笑着就哭了，心里想：你干脆把我的工号写上去吧。来，我们擦干眼泪往下说。

字节跳动的文化价值观（字节范）里有一条：始终创业。我们开始很不解，人家员工是打工来了，怎么还要求人家“创业”呢？字节跳动的小伙伴说，我们想找到的人是以“创业的心态打工”的，要不然这个“工”打不好。什么叫创业的心态呢？我们在交付的“戏剧领导力”课程里强调过，这本质是一种“老板思维”。好，那什么又是老板思维？其实有以下几点。

全局思维：要有“阵地意识”，不要有“领地意识”。在组织动态中，我不仅看到“我”，还看到“我们”。也就是说，我不仅看到我的部门，还看到我的部门在整个公司系统中提供的价值；不仅对我的部门指标负责，还对所有指标导向的结果负责；不仅看到我的公司，还看到整个市场中公司所处的生态位。我要看到竞品，看到趋势，看到消费者底层逻辑，看到行业未来周期。永远在看更大的局面，永远关注更长期的未来。

客户思维：对一个创业者来说，最“正”的观念就是公司的收益，是为客户创造价值的奖励；公司的利润，是优于竞争对手的部分带来的。我是否节约了客户的时间，或者降低了客户的成本，为客户带来了什么样的体验，这是创业者始终要思考的。客户思维的本质就是“利他精神”，这里的“客户”是市场上的“外部客户”，也可以是公司中的“内部客户”。总之，只要我一心想着让别人满足，赚钱和成功就是水到渠成的事。

成本思维：老板为什么普遍都很“抠”？因为大手大脚的老板在市场竞争中被淘汰了，幸存下来的老板知道每一分钱都关系到生命线。他看见了看不见的风险和成本，不过度依赖资源，不要想着公司做大了，什么都应该配齐。用最少的资源撬动最大的杠杆，以最小的成本试错，不要等到资源都配齐了才开始行动。不止即兴的信条是：行动本身自带资源。

看到这里你会发现，如果一个导演在相信自己是一个艺术家的同时具备“老板思维”，他就可以坦然地面对第五重困境了。

领导者的英雄旅程

导演就是剧组的领导者，我们总以为领导者可以高高在上、呼风唤雨，但其实真正的领导者面对着重重困境：

- 导演做不了演员的主。
- 想法难协调。
- 拿到剧本如何二度创作。
- 是服务心中的追求，还是服务市场的需求。
- 资金永远不够，资源永远不足。

第二章是在强调困难吗？是在为导演“申冤”吗？不，我们真正想强调的是导演在面对这五个困境时，是怎么选择、怎么行动、怎么转化的，这就是“戏剧领导力”工作坊真正的初衷。我们想看一看，在剧组里，一个富有理想的导演，是如何在一个个困难面前使用“个人影响力”和“戏剧训练方法”，完成这场“英雄旅程”。

导演在复杂多变的情况下做出重要判断，并且试图让跨领域、跨专业团队之间营造出良好的合作氛围，培养得力助手，让跟随他的“小兵”在一场场战役中成为能够带兵打仗的“将军”，并在一个个灾难性的甚至具有毁灭性的挑战面前，还能够勇往直前，最终推动项目达到预期目标。导演让一个因为项目而临时组建的“团伙”，在工作中逐渐成为一个亲密、紧密、没有秘密的敏捷团队。

导演排一部戏剧时，自己也投入到了一场情节激烈的戏剧之中。英雄好运，下章见。

归来学长，有分享

/鲍春健 小鹅通创始人兼 CEO

我遇到陈峰老师的即兴戏剧工作坊，感觉太兴奋了，马上介绍给公司里负责人力的胡姐。在管理层年中战略会上，陈峰老师带着我们“玩”了一整天，从一个程序员把拖鞋甩到天花板上开始，“闷骚”的天性彻底解放出来了……“Yes, and”后劲也挺大的，我在会议上冷不丁就会听到有人喊：“哎，你没有‘Yes, and’！”想想之前我老是啰唆地强调“合作、共创”，这样看来还是陈峰老师有魔法，比我厉害。希望这样好玩的体验式工作坊能让更多的人看到。

/李平 华谊兄弟文旅事业部前 HRD

“戏剧领导力”课程打破了传统的培训模式，能让所有参与者都深入其中，在各种有趣的互动中，通过体验获得感悟。

这种感悟是从内部“悟出来”的，不是从外部强势输入的，所以参与者更有体感去做实践输出。

陈峰老师非常“有智慧”，从一个个看似即兴体验的活动中，一步步引导，引发学员的思考、感悟和共鸣。他是我所见过的即兴戏剧领域中最懂企业管理的导师。

某运动品牌公司人力资源总监
/费晨琦

这是我职业生涯中最喜欢的培训课。因为在这个课堂上，你可以真正地做到释放天性，充分调动身体资源，它一定会打破你对培训的刻板印象，课堂上更多的是积极主动的参与，沉浸式地发挥你的想象力、创造力和反应力。在培训中，你会为同伴的每一次即兴创作而喝彩，也会被“即兴”所带来的各种不确定性和随机性深深吸引。在“戏剧领导力”课程的课堂上，你会感受到属于团队每一个人的共创力量。

陈峰老师会创造出一个多元的、包容的环境，你在这里和团队一起，一步两步、一点两点，共同见证周围伙伴的成长和蜕变！

女性联盟（WAG）创始人兼 CEO
/陈永敏

传统的培训大多数是在教授标准答案，而我们所面对的工作场景却是模糊、复杂、易变、不确定的。因此面向未来的培训必须是多元的，这样才能让学员具备解决复杂问题的能力。陈峰老师的“戏剧领导力”课程让我看到了未来培训的趋势，在课上我感受到了有关个人突破、团队融合、商业创新的思考，当学员调动智慧时，团队的创造力往往会超出以往任何的经验。从即兴戏剧，走向更深层次的自己，创造面向未来的团队。

OPPO HR 经理
/陈夏云

每一次参与即兴戏剧，最感染我的是陈峰老师本人的活力，激发学员创造力的是人本身释放出来的能量，而非流程。我每一次都能在沉浸式的体验中，感悟自我与团队的关系：我是否有足够的勇气卸下内心的包袱？让队友更精彩会和我碰撞出怎样的火花？“Yes, and”的心态是拥抱一切变化的开放与自在，在这个充满不确定性的时代尤为珍贵。

/**张雅淳**
原象人才发展经理

体验过陈峰老师的工作坊，他身上散发出的巨大能量能影响到现场的每个角落，感染现场的每位学员。至今我依然能深深地记住陈峰老师的话：“所谓体验式学习是用身体当纸笔，用行为做记忆。”在不止即兴的现场，我们能体验到心、脑、腹共用，让文化、领导力、信任、担当、接纳、包容等看似虚无的词汇，通过学员的身体语言得到演绎，并有所体悟。知易行难，有时候语言显得苍白无力，也许可以让学员成为课堂的主角，用“Yes, and”的方式一起领略一下即兴戏剧的魅力。感恩与不止即兴相遇，让我的生命有了更丰富的体验。

/**王斌**
北京新东方学校人力资源总监

表演即兴戏剧对很多人来说是可望而不可即，甚至一辈子都不敢去想象的事情，但是在陈峰老师的课堂上，你会看到奇迹在慢慢地发生：原本拘谨的我们，开始一步一步释放自我，开始主动配合，自发补位，天马行空般地创作，最后表演出我们原来根本不敢想象的“疯魔”作品。这正如领导力的产生，它不是什么特质或基因导致的，只需要我们积极参与、勇于释放、敢于担当、主动补位——这就是戏剧中的领导力吧。

/**屈凡**
人保集团党校项目培训处处长

我因为从事培训工作，经常有幸听到各种优秀的课程，但可以确定的是，陈峰老师和他的“戏剧领导力”课程是我最喜欢的培训课程，没有之一。用学员的话说就是：“我觉得这不像是让我们参加培训，而像是送给每个人的礼物。”我也常想，陈峰老师和他的即兴戏剧课程到底为什么深受学员喜爱？是大家对释放天性的真实需求，对接纳包容的迫切渴望，还是对昂扬生命力的永恒向往？总之，这是一种发自内心的美好感受。希望“戏剧领导力”课程可以让更多的学员和企业受益。

/金亮
某互联网公司AI数据服务部门负责人

我参加过好几次陈峰老师的“戏剧领导力”课程，他的课程除了有趣、有参与感外，我印象最深刻的就是松弛感。仔细体验之后你会发现，在松弛感的背后，他的课程还赋予了参与者清晰的目标感。在培训中，能让“松弛感”和“目标”两者相互平衡、并行推进，在松弛感中植入目标感挺不容易，这就是陈峰老师身上的艺术家特质带给我们真正不一样体验的原因。此外，更重要的是，这种在线下开展的人与人的良好互动体验，是这个AI快速发展的时代中非常珍贵的东西。

/汪磊
锐见智库主理人

陈峰，自带一分侠气、半分顽皮，可能这也是他天生适合舞台、适合戏剧的原因。用游戏的范式将心释放出来，用戏剧表演把心智模式显化出来，这是陈峰的“戏剧领导力”课程的魅力。

无论你是什么段位，只要你来到陈峰的课堂，你都会自然而然“表演”起来。你可以像孩子一样，使用你的身体，利用身体四肢、声音、表情来表达自己的情绪、表达思想、表达爱和力量。你是你自己的导演，也是你自己的演员，你指挥自己、运用自己、展示自己。在一场又一场练习中，你开始活用身体，体会快乐，绽放生命力。陈峰是舞台魔术师，他一定会带领你，让你找到被遗忘的有趣灵魂。期待你在他的课堂上与有趣、鲜活、快乐的自己相遇。

CHAPTER 3
第三章

戏剧领导力中的即兴戏剧

当话剧演员遇上即兴戏剧

我作为一个话剧演员，早期登台之前，最担心的问题是“忘词”，因此每次演出前，我都紧张甚至失眠，会把所有的台词和调度走位在心里排练一遍又一遍，生怕哪个地方忘了。登台之后，虽然我在表演这一句台词，但是我的心里想的是下一句台词和下一个情绪，我清楚地知道对面演员会以什么方式回应我，而我要做的，就是把准备好的台词和情绪呈现出来。当然，斯坦尼的表演体系要求我们“真听、真看、真感受”，在一切都井井有条的情况下这并不难，就像一首经典老歌，每一段旋律、歌词、表达的情感都熟记于心，甚至有人隐隐开一个头，我们就可以开启自动模式唱下去，甚至一整天脑海里都是这个声音，反反复复，绕梁三日。这让我对舞台也渐渐有了安全感，背诵、重复，最后熟练，一部戏剧越演到后期，越不会再紧张，直到我遇到了另一种戏剧形式——即兴戏剧。

演什么故事，演员根本不知道

“即兴戏剧”这四个字，会让你联想到什么？可能是随便、天马行空、有想象力、需要反应很快、有点害怕、专业人士才能做的事。单从名字来看，即兴戏剧确实是一种没有剧本、没有确定的角色、没有准备好的计划、没有规定的道具和服装的一种表演形式。同时，它又是一场戏剧，也就是说，演员们要在前面提到的“一无所有”的情况下，完成一场有人物、有剧情、有目标的戏剧。忘了戏剧的几个元素的去看第一章。

这就是即兴戏剧，演员在舞台上一切都是即兴的，并非他们准备好了一个故事带来表演，直到站到舞台上的那一刻，他们也不知道自己要演什么，而是根据观众现场的命题开始表演。所以，如果你是一个话剧观众，进入剧场之后大概率你只要坐着看表演就好了，不管你的心情怎么样，演出的故事都是规定好的。如果你去看一场即兴戏剧的演出，你可是闲不住的，因为你要不断地给演员“出题”“命名”“规定剧情”，让演员根据你“意图”来演出。有些即兴表演节目中观众甚至会被请上台，直接指导演员如何表演。观众成了这场即兴戏剧的一部分决定因素。

如果说我演话剧时最担心的是“忘词”，那么演即兴戏剧时压根就没有台词。这在初期让我非常难以接受，因为我再没有什么可以“准备”的了，这对我来说完全是一种全新的表演方式。

那演员是如何在舞台上完成没有剧本的表演的呢？

“Yes, and”：即兴团队的救命稻草

我们刚开始在国内推广即兴戏剧，并将即兴作为“戏剧领导力”课程的重要工具的时候，很多人都不太能理解。直到罗辑思维的罗振宇，又一次在视频节目里提到“Yes, and”在组织里的应用，并举了苹果是如何用“Yes, and”来设计敏捷组织的合作模式的例子，不止即兴团队为中国人民大学商学院设计和交付了“Yes, and 共创的力量”戏剧领导力工作坊，这个说法才渐渐走进大众视野。

什么是“Yes, and”？这其实是演员在舞台上的“救命稻草”，我们在工作坊中会用到的叫“拍手叫停”的练习。

戏剧领导力练习“拍手叫停”

4 名演员在舞台上，其中有 2 名演员（A、B）面对着观众准备表演，另 2 名演员（C、D）站在他们身后，背对着他们，随时准备拍手喊“停”。

面对观众的演员，需要根据现场观众给的一个题目来表演，比如现场给了一个“包子”的题目。

> A：（快速地吃完包子，拉着 B 的胳膊，焦急地）哥，这个包子都吃完了，爸怎么还没出来？
>
> B：（看向不远处）爸都关了十年了，今天他放出来，我也没敢告诉妈。想着接他回家，给妈一个惊喜。
>
> A：（拿着一个包子，准备递给 B）哥，你先吃个包子压压惊。

这段简短的对话，就体现了“Yes, and”。

“哥，这个包子都吃完了，爸怎么还没出来？”我们可以从 A 的台词里，解读出这些信息：

- 人物关系：首先我叫你一声“哥”，代表这个场景并不是发生在职场上下级、父子、师徒之间的，我们讲的是一个兄弟间的故事。
- 中心事件：“爸怎么还没出来”，代表我们这个故事的中心事件是二人等爸出来。
- 情绪情感：演员焦急的样子，所传递的信息是，今天我们将面对的是一件大事儿，爸从一个很重要的地方出来，为此我很紧张。

以上信息是“显性”的，敏锐的学员还发现了一些“隐性”的信息。

- 地点方向："爸怎么还没出来"代表着爸在一个地方的"里面"，演员表演的场景是在这个地方的"外面"。
- 时间线索：吃的是包子，大概率是早餐，可能兄弟二人是很早就来到这里，等到了大概中午。

你看，上学时写作文，要求在文章里明确时间、地点、人物、事件，好像的这一句台词里就涵盖了。因为"没有剧本"，演员说出的台词就是"剧本"，即兴戏剧演员因此必须准确、清晰地表达自己的意图，另一个演员才能支持配合他。

对 B 来说，"倾听"是他的救命稻草，如果倾听得不好，我就会"社死"在舞台上。B 不仅要听到 A 表达的内容，还要听到内容背后的情感、诉求、渴望、方向，也就是这个故事"正在生成的未来"。此时 B 听到的意图是：我是你哥，我们一早就来到某个地方等爸出来，这是我们的"人生大事"。

在这句台词里面，其实爸从哪里出来并没有交代，爸是从医院大门出来，是从产房出来，还是从学校开完家长会出来，目前都不确定。B 对 A 表达出的信息内在说了一个" Yes"，并且用" And"的方式去补充对方没有说的信息。他说："爸都关了十年了，今天他放出来，我也没敢告诉妈。"这句台词里，补充了爸究竟从哪里出来，同时也解释了他弟为什么如此焦急。原来今天他们兄弟俩是在监狱门口接十年羁押、刑满释放的爸回家，给妈一个惊喜。一个故事就这样从"0"到"1"搭建起来了。

还没完，在前面的 A、B 把故事发展出来之后，后面的 C、D 会有一个人拍手喊"停"。比如 C 喊停之后，前面的 A、B 就会把故事暂停，同时身体姿态也保持不动了，像雕塑一样。此时喊停的 C 就会转身，看到 A、B 的动作，并走到其中一名演员身边，替换他并且模仿这个演员的动作，然后根据这个动作进行联想，说出自己的台词，通过这句台词，开启一个全新的故事。

在这个例子里，C 上场替换的是刚接过包子的 B 的动作，然后 B 会离开表演区回到后面站好，这时 C 做着刚才接过包子的动作，开始说自己的第一句台词。

C：铁力，这个手榴弹，你一定要扔过去，你知道我是个女同志。

A：（从 C 手里抢过手榴弹，做出一个向前抛出的动作）还说什么，让我来，女同志靠后一点。

后面的 D 又喊“停”，在这个暂停的瞬间：A 是扔手榴弹的动作，他双手打开，四肢伸展，而 C 双手抱头蹲下，保持蜷缩的动作。然后 D 选择把 A 依然留在舞台上，自己替换了 C，并做出双手抱头蹲下，保持蜷缩的动作。她的第一句台词又开启了一个全新的故事。

D：（抱着头，痛苦而低沉地说）唉！家里又没粮了，儿子，你还在做你的现代舞演员的梦吗？

A：（本来就双手张开的他，顺势笨拙地比画了一些舞蹈动作）妈，老师说我可有才华了，我不想放弃可以吗？

D：（拉住要跳起的 A）儿子，你看你的手臂都细成什么样了，这样下去……

后面的B喊了“停”，把A换下来。

B：（看着蹲下的D，拉着他的手臂）想不到征兵都征到咱们俩头上来了，你一个侏儒，我一个手都合不上的70岁老头，他们要我们有啥用啊？

D：（顺势趴在地上）他们说我长得矮，可以匍匐前进。

后面的演员继续喊停，一个全新的故事又开始了。如此往复，生生不息。

这就是“拍手叫停”的规则，之所以作为本书里第一个出场的练习，也是因为它是即兴戏剧中的“集大成”的终极存在。目前的你也许对即兴戏剧一无所知，在后面章节里，我会分别针对企业具体痛点，设计相对应的刻意练习。即便如此，我们也想对“小白”读者介绍“拍手叫停”这个练习，就像好莱坞电影开场的前15分钟，我们就认识了一个终极“大BOSS”。我们几乎可以从这个练习中一探即兴戏剧的全貌。

团队不会让你独自冒险

在工作坊里，我会问学员：你觉得如果一个人能演即兴戏剧，他需要具备什么素质？

通常我们会收获这些答案：这个人“脑洞”很大，有创新意识，很勇敢，很有想象力，反应很快。还有一些更冒险地回答说，这个人“不要脸”——只要自己不尴尬，尴尬的就是别人。

没错，这确实是一个即兴戏剧演员在修炼的部分，大家会看到，即兴戏剧演员好像有异于常人的能量和勇气，让我们看到他的才华，同时我们也会看到一个人即便才华横溢，也无法独自完成即兴戏剧的表演。因为即兴戏剧是一个“无限游戏”，一个人即便满腹经纶，他所能创造的故事早晚都会有枯竭的一天，而“即兴”又要求演员每一次开始都去创造全新的故事。因此，演员必须要和其他演员合作“搭着演”，靠其他演员的创意、灵感、资源来激发补充自己的创意、灵感、资源。因此，我们又会问出第二个问题：如果我们把即兴戏剧不是看成一个“表演”，而是看成一个团队的合作模式，你从这个四人团队中，看到了他们有什么样的品质？

- **接纳：**不管前面的人说什么，后面的人都无条件地认同、接受。
- **开放性：**同样一个动作，每个人的想法都很不同，大家都愿意用新的想法更换旧的想法。
- **信任：**很相信彼此的能力，可以把自己的“后背”交给他人。
- **尊重：**对每个想法都很重视，并且尝试放大这个想法。
- **多元化：**团队允许每个人的独特性被表达，因此获得了能量惊人的创造力。
- **去中心化：**这是一个没有绝对主角、绝对领导者的团队，大家彼此分享控制权。
- **目标共识：**他们虽然自主行动，但是有一个共识的目标，大家为了这个目标而行动。
- **突破的勇气：**每个人都是主动投入到未知和不确定中的，他们非常有勇气。

- **担当补位：**团队成员是可以挑起责任、承担风险、面对不确定性的。
- **创新思维：**讲故事不能“吃老本”，而是要不断发现新的边界和可能性。

…………

通常大家会讨论得很深入，从组织行为学的角度，可以看到即兴戏剧中一个又一个高绩效团队的合作模式。我们发现，即兴戏剧之所以被誉为“全球最具创造力的戏剧形式”，是因为即兴戏剧本身的特点，它具有自发性、多元性、共创性。可以看出，一个即兴戏剧团队是由目标驱动的，“创造力”的背后，能看出一个团队的活力、组织达成目标的效率以及人在这个组织中不断被成就、被发展、不断成长的过程。这里的活力是组织关注人，让人得以发挥潜在能力；效率是组织关注的事，即目标。一切行动都是为了达成目标，取得结果。人在组织中的发展，其实是关注未来的趋势，让人不断向外延展学习的过程，组织也就有了新的可能性。

即兴团队的三大品格

双向倾听

倾听对我们来说并不陌生，3F 倾听[一]、剥洋葱式倾听[二]、下潜式倾

[一] 3F 倾听是指全方位直觉式倾听，要听到对方三个方面的信息：fact，feel，focus，即事实、感受和意图。

[二] 第一层：事件；第二层：应对方式；第三层：情绪；第四层：感受；第五层：信念；第六层：期待；第七层：渴望；第八层：自我。

听[1]，有很多提升倾听的模型，而即兴戏剧的倾听我称为“自救式”倾听。什么意思呢？就是演员如果在舞台上不好好倾听，他就会“死”在舞台上。因为他听不见、听不懂就没法接话，故事就戛然而止了，而在那个时刻别人是帮不了他的，他只能完全依靠自己专注地听，不仅要听到你说的内容，还要听到内容背后的诉求、情感、关系、正在生成的剧情。所以即兴戏剧中所练习的“倾听”是没有退路的、毫无选择的“自救式”倾听，而且你有没有真的听，是有选择性地听，还是全然接收地听，是只听到了表面，还是听到了更深层的信息，这些是当下就可以反映出来的。

倾听好理解，什么叫“双向倾听”呢？这是不止即兴从工作坊中提炼出的一个词。我听懂了你的意思，这是“单向倾听”；我还要按照你能听懂的方式，说出我的想法，这是“双向倾听”。也就是说，我的“说”是为了服务你的“听”。

注：为方便理解，图中“听”为繁体字。

[1] 旨在全身心地投入到和对方共同创造的心流中。

即兴戏剧没有剧本，所以演员经历的是当下表达、当下接收、当下反应的过程，这就要求信息的传递是清晰准确的（字节范有一条就是坦诚清晰）。这就要求即兴戏剧演员说出去的台词，是能在第一时间被其他演员完全理解的，如果不能马上理解，这不是接收者的问题，而是表达者需要反思——我有没有把我想说的真正表达清楚？这里，表达者要在内在有一个“翻译”的过程，即如何能把我心里的想法，转化成对方能接收到的方式，传输到对方的心里去，从而形成我们对故事的共同推进。这就像两个不同接口的电子设备，传输信息时需要有转换器一样。

所以“双向倾听”不是自说自话，而是“翻译着说、转化着说、利他着说”。这个部分我们会在后面的“呼吸式沟通”工作坊里介绍。

拥抱变化

即兴戏剧演员在舞台上时时刻刻都面对着变化，剧情有多种可能，即兴戏剧演员也会根据观众现场的“出题”表演。经常有观众好奇表演到底是不是即兴的，我们有时候连续演出三天，观众就会来看三场验证一下。观众有时也想看到即兴戏剧演员挑战高难度的即兴故事，在出题的时候，会故意给一些有挑战性的设定信息。比如他们手里的道具是一个炸弹，故事场景在月球，他们两人的关系是狱友兼情敌。

可以说即兴戏剧演员的整场表演，都是在处理一个又一个变化，不仅把这些意外的挑战化解掉，还变成有利于剧情发展的推动性因素，可以说故事从“困境”中开始，途中还需要化解各种意外的挑战，最终走向一个美好圆满的大结局（即兴戏剧通常是喜剧）。

拥抱变化

所以拥抱变化是即兴中的常态，有趣的是即兴戏剧演员在面对变化时，并没有出现害怕、拒绝、退缩、等待的情况，通常是兴奋、期待的，他们主动行动、寻找契机，甚至把变化中的意外的挑战变成推动进程的资源。这就是本书要研究的方法，在第六章里会有更具体的练习介绍。

基于目标的“Yes, and”

“Yes, and”是即兴戏剧的核心精神，可以说即兴的故事之所以能在舞台上“活下去”，是因为演员彼此“Yes, and”。试想，一个演员跟另一个演员说：“哥，这个包子都吃完了，爸怎么还没出来？”回应他的却是：“铁力，这个手榴弹，你一定要扔过去，你知道我是个女同志。”这个故事就没有办法推进了。即兴戏剧的核心原则就是：“Yes, and”。

“Yes”是认同、肯定、看见、允许、欣赏、鼓励、尊重，是全然悦纳的包容心。

“and”是推进、创造、合作、激发、建设性、拓展，引领超越的创造力。

这两个英文单词，你可以看成“是的，而且”，而在不止即兴的工作坊中，学员在实践体验中，赋予了它全新的解释：“肯定，推进”“洞见，超越”“连接，创造”“看见，赋能”，“相信，创新”“沟通，协作”“融入，影响”，这一个个新解释的背后，是一个个不同的应用场景的落地实践。大家刚拿到“Yes, and”这个工具时，都会很兴奋，觉得用起来很流畅，而且可以展开天马行空的想象，这时我们就会提醒大家，第三个品格“基于目标的‘Yes, and’”，重点不在于“Yes, and”，而在于“基于目标”。

想象肯定是天马行空的，而现实中的资源是有限的，所以我们要把组织中有限的资源围绕目标使用。

当我们用“ Yes, and”发挥创造性的时候，我们要看看，这个“创造性”是否在服务目标。

当我们产生争论甚至冲突的时候，我们要看看这个“争论”是让我们离目标更近了，还是更远了。

当我们试图打造一个“ Yes, and”分享控制权的去中心化团队时，目标就是我们的中心，本质上“目标”就是我们的领导。

当一个团队的领导由权威式领导转化成服务式领导时，本质上“目标”成了真正的领导。

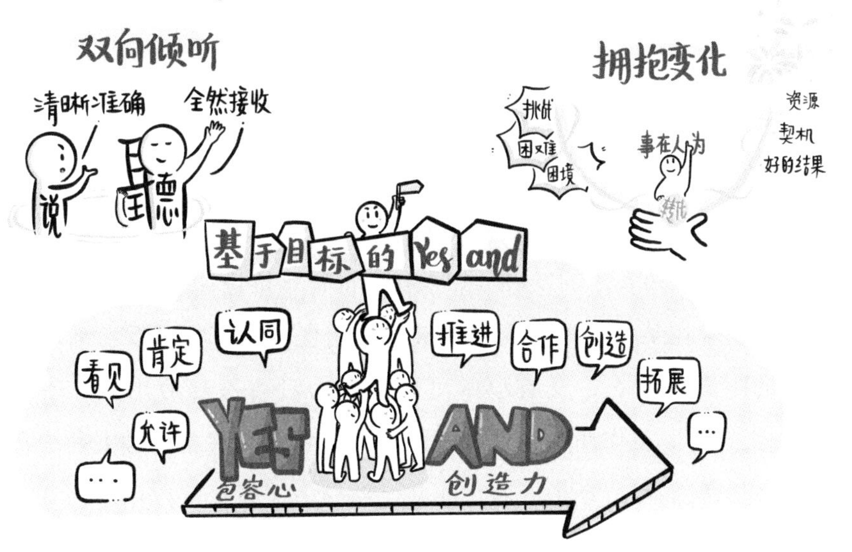

注：为方便理解，图中“听”为繁体字。

读到这里我们会发现，“基于目标的‘Yes, and’”这一即兴品格意在塑造一个“目标驱动”“价值观驱动”的团队。

用戏剧做沙盘：先有好团队，再有好故事

本书之所以名为《戏剧领导力》，是因为意图借用戏剧的方式，拆解体验底层的领导力模型，“戏剧”是手段，“领导力”是目的。我们的目标并不是要把大家变成“演员”，虽然在通常情况下，我们在工作坊中会看到很多“戏精”学员，但这不是我们的目的。我们主要是通过即兴戏剧的方式，用戏剧呈现并让大家看见组织系统当下的状态，这可以让我们看见之前看不见的信息，或者我们都看得见，但视而不见的“房间里的大象”。（意思是，房间里出现了一头大象，大家都选择绕道而行避而不谈，没有人把大象带出房间。）

我们通常说，是因为有好团队，才会共创出好故事。“好产品是好团队的副产品”，如果一场即兴戏剧的共创过程是流畅的、惊喜的、有力量的，我们会好奇这个背后发生了什么，促使一个团队有了活力、效率和人才的发展。如果我们都很难推进即兴戏剧的表演，或者总是卡在某一个地方无法突破，我们也会停下来看看目前团队遇到的阻碍是什么，又有哪些可能的潜力没有被释放出来。所以“戏剧领导力”工作坊中的即兴戏剧是一个每个人都参与进来的“戏剧沙盘”，我们在行动中，看见哪些“领导力”要素发挥作用，又看见哪些影响团队势能的限制被打破了，让一个团队重新回到本来就

具备的创造力水平。

呈现—觉察—行动—转化，这是“戏剧领导力”工作坊的四个步骤，我们先“呈现”当下组织的既有模式，再以“觉察”的视角让组织看见痛点，做出具体、可执行、可量化的“行动”改变，最终实现由一个支点的“转化”，影响到一个系统的优化。这个心流的过程，是不止即兴从2016年开始在国内探索的过程中，一个个真实客户和案例现场沉淀下来的。

写到这里，本章介绍即兴戏剧的任务就完成了，如果你感兴趣，欢迎来到不止即兴的现场亲历那些让人尖叫的时刻吧。

归来学长，有分享

新东方教育科技集团助理副总裁 / 姚振华

接触陈峰团队的“戏剧领导力”工作坊之后，我和团队对这种跨界的管理创新极为震撼。“Yes, and”的团队合作思维方式，体现了开放与包容的合作态度，在肯定对方的前提下，拉近距离、增进信任。同时学员在对当下面临的环境迅速做出回应的过程中，又不断激活和捕捉学员的灵感和创意。即兴戏剧提供的场景恰好模拟了VUCA[一]时代，让管理者充分体验并了解这个时代对管理者素质模型的要求。即兴戏剧的形式很新颖，符合现在年轻人接受新事物的方式，也符合一直以来我对团队活动“有趣、有料、有故事”的要求，戏剧领导力与时代共舞。

[一] VUCA通称乌卡，指的是易变性（Volatile）、不确定性（Uncertain）、复杂性（Complex）、模糊性（Ambiguous）。

/钟莹 卓越教育集团ERD

我参加过不少活动，“戏剧领导力”工作坊给我耳目一新的感受，不论形式、内容还是讲师风格都很新颖、有创意，现场大家的参与度很高，体验感很强。双向倾听、拥抱变化、基于目标的“Yes, and”三个核心，与我们所面对外部环境行业的不确定性时以及组织转型变革过程中，期望团队与成员都需要具备的理念和行动方针特别一致。

/朱骏 宜美集团首席战略官、首席人才官

职场特别需要“Yes”的精神，但往往职位越高，越容易习惯性地说“but”。陈峰老师的即兴戏剧，让管理者体会到“and”的力量、“and”的珍贵和“and”的不易，为新一代的管理者提供了全新的视角和工具，开启另一种创新的管理思维模式，“Yes, and”。

/邓远博 睿维视科技有限公司CEO

在接触陈老师的课之前，我感觉即兴戏剧是一项非常考验临场应变能力和表演力的艺术形式；切身体验之后，才发现即兴戏剧并非遥不可及，且与创业有如此多相似的内核。“Yes, and”这句响亮的口号便包含了核心的两点：“Yes”是团队协作、分工明确、缺一不可，更是对团队成员无条件的信任；“and”是对变化的全盘接受，是逢山开路、遇水搭桥，更是内心的勇敢和笃定。人生如戏，创业维艰，愿各位都能即兴地向前。

/杨柳 足记App创始人、假面科技CEO

陈峰是我创业路上非常美好的存在，他让我对于戏剧不再是个远远的观众，而是置身其中，在沉浸体验中汲取到力量、开拓视界、获取新知，而且对我这个“社恐”而言竟也不尴尬哈哈。一句“Yes, and”给我的帮助很大，我时常在工作中提醒自己不要轻易否定或论断同事们的努力。鼓励、引导、共创，才能带出更优质的团队。

/李强
宠物家创始人

即兴戏剧表演，是一个在“表演自己”的过程中发现“真实自己”的过程，让我们学着放下自我个性保护，抛开日常“人设”顾虑，沉浸当下，通过“专注”发现潜在的创造能量。从“Yes, and”开始，无条件去融入、接纳和肯定别人，并感受被肯定、被跟随的力量，你会发现每个人都有你不曾看到的光彩，每个团队都能导演一出精彩大戏，这是在办公室、会议室里所不曾有的创造力。真诚推荐大家读一读这本书，并去感受一下“即兴”，感受一次“表演”。

/李梅玲
欧艾斯中国学习与发展高级经理

陈峰老师通过即兴戏剧，带学员领悟领导力的魅力，将两者有效地结合，让学员能够在非常轻松愉悦的环境中、思维打开的状态下，让心、脑、腹共同作用，吸收领导力的精华。陈峰老师的课总是让人耳目一新。

/吴柳稼
美敦力大中华区人才管理伙伴

即兴戏剧，没有剧本、没有彩排，正如BANI时代的当下，每天都是即兴的，充满挑战和未知。即兴戏剧带我们沉浸式体验如何在变化中找到安全感和确定感，如何释放天性、专注优势，如何将挑战与困难转化成正向积极的“礼物”，如何带着“Yes, and”的理念高质量地和团队合作。当团队中每个人都能带着即兴戏剧的思维，可以真正安全、彼此相信、正向面对挑战、快速行动的时候，个人和团队潜能都将超越想象。

/王志远
卓正医疗CEO

在参加“即兴戏剧”课程之前，我没有想过自己和公司管理团队会那样全情投入到一场戏剧中。我们玩嗨了，展现了最本我、最单纯的一面。“Yes, and”的主题贯穿在整场活动之中。在我看来，没有其他形式可以让团队更深刻体会到“Yes, and”的精神价值了。我们不是用脑，而是用身体去体会，形成了刻骨铭心的记忆。

/奚芸蝶
趣时资产合伙人、副总经理

参加即兴戏剧的体验是让人放松的、惊喜的和感动的，似乎我们内在本身的一种需求被激发了，这种需求非常接近本源。团队里的每个人都需要被信任、被接纳、被看到，而这股力量逐渐被点燃时形成了一种共振，在表演即兴戏剧的当下产生了一种特殊的能量，这种能量是愉悦的、热忱的、逐渐变大包围团队的，而当大家身处于这种能量之中时，团队似乎无须引导，每个人身体中有一种智慧让能量流动起来，自然而然地去共创、去学习、去挑战。我在参与即兴戏剧过程中，看到了一个优秀团队所需要具备的样子，最后团队成员们成功地挑战了原以为的不可能，所有人都感到惊喜，这是属于领导者和团队共同的“aha moment”㊀。

陈峰老师的带领是极具魅力的，这源自他对戏剧和领导力底层共性的深刻理解，以及他对于他人的理解、接纳和满怀善意，让人从好奇和拘谨开始，逐渐丢开包袱、释放天性，愿意和团队一起挑战不可能，这整个过程是鼓舞人心的。

㊀ 指让人灵光乍现、顿悟、茅塞顿开的瞬间。

CHAPTER 4
第四章

戏剧领导力中的三个角色：“演员、编剧、导演”

戏剧中的“心、脑、腹”

在心理学上，对人的能力有“心、脑、腹”的说法：心，指一个人的感受能力；脑，指一个人的思考能力；腹，指一个人的行动能力。这三个位置，恰好像是戏剧中三个最重要的角色：演员、编剧、导演。演员是“心”，一个感性的体验者；编剧是“脑”，一个理性的设计者；导演是“腹”，一个坚定的行动者。他们因为在戏剧项目中有不同的分工，所以需要调动不同的技能。下面我们来展开看看这三个角色是如何运用“心、脑、腹”的。

演员：体验者，最有灵气的用“心”人

一个不断打开、探索、释放“心”感受的人

- **打开感受力**

  觉察自己的内部世界，感受自己，连接自己“源头”力量的能力。

- **发展向外的感知力**

  对外部世界极为敏感，提升接收和处理外部信息的能力。

- **打破自身的限制性**

  不断突破原来的自己，蜕变发现“更新”的自己。

- **不断探索表现力**

  调动情感的能力、控制情绪的能力、运用身体表达的能力。

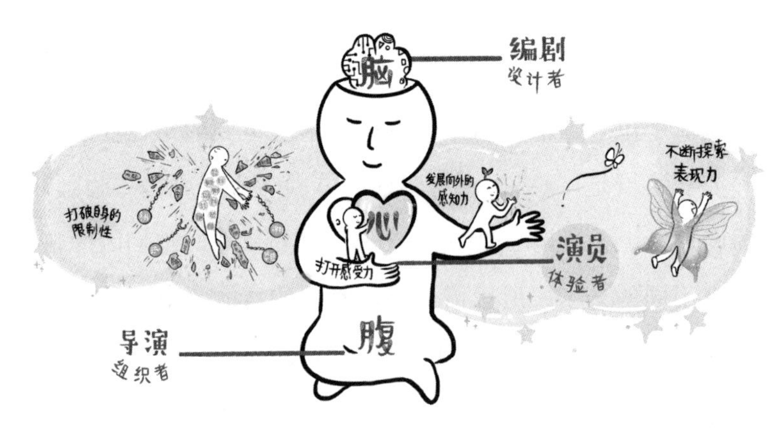

编剧：设计者，思辨权衡的最强大"脑"

一个需要审慎、权衡、逻辑判断、严谨选择的"脑"思考的人

- **投入 & 抽离**

  既能够投入A角色，以他的视角表达他的世界观，又能够抽离出来，完全放下A角色，成为B角色，并换以B角色的世界观表达和行动。创作时编剧的内在没有任何冲突感和违合感。

- **感性 & 理性**

  既可以感性地从人物的所看、所感、所处、所想出发，表达出引人共鸣的情感，又可以理性地从剧情出发，构思整个故事的节奏和走向。

- **微观 & 宏观**

  既具体到一个道具、一句台词、一个角色、一个场景的设计安排，又能从全局出发，知道这些具体而细碎的巧思在整体设计中起到什么作用。

- **当下 & 未来**

  观众沉浸在剧情发展的过程里，而编剧往往为结果推进剧情，他是站在当下、展望未来的人，他既在此刻，又在未来的下一刻。

导演：组织者，汇聚意志和行动的“腹”

一个调动热情、勇气、创造力，带着“心”和“脑”合为一体的“腹”行动的人

- **白日做梦狂想家**

  首先导演要能给自己“画饼”，他是最先、最清晰看见愿景和结果的人，并且他对这个结果抱着狂热的感情和强烈的信心，凭借这种信念取得预想中的结果。

- **点燃激情演说家**

  不仅自己有信心，还把这份光和热传递给剧组团队成员，让每一个支持部门都看见灯塔，点燃大家的激情，让大家有目标、有方法、有热情、有信心地一起行动。

- **运筹布阵战略家**

  导演制定战略、执行战略、迭代战略，能够懂得“兵马”和“粮草”的配合，不仅空想还要落地，在带兵打仗中解决实际问题，并且带领团队不畏困难、战胜挑战。

- **抢险救灾灭火专家**

  导演不是安排好了一切工作就可以喝着茶看报纸了，在创作和排剧过程中，会有各种各样的意外情况出现：演员有情绪问题了、道具制作进度跟不上了、音乐的感觉不对了、成员间闹别扭了、花费超预算了、剧本要再调整、市场宣传需要配合等，总之导演不是在“龙椅”上听奏折的，而是必须“下场”，而且一会儿做“知心大姐”，一会儿做“黑脸包公”；一会儿“贴心温暖”，一会儿又“杀伐果断”，随时拿个灭火器，哪里冒烟喷哪里。

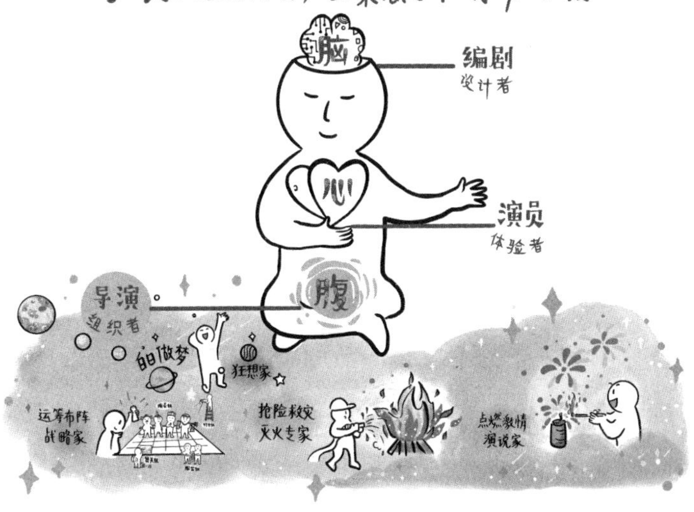

演员、编剧、导演，你觉得更适合做哪个角色？这三个角色所训练的能力，对不做戏剧相关工作的人有什么启发呢？你有没有发现，“演员”这个角色就像是一个执行者，他要敏捷、勇敢、能突破；“编剧”这个角色就像是一个要协调各种资源，判断轻重缓急、权衡利弊的项目经理，他要既感性又理性，既能理解 A 又能共情 B，一叶知秋、明察秋毫，对复杂的事情进行判断；“导演”这个角色就像是一个 CEO，他要看得远、看得全、想得深，把目标变成现实，又能够协调调动内、外部资源。这就是即兴戏剧和企业的相似之处，所谓“人生如戏本无路，行走全靠心、脑、腹”。

工作就是“演员、编剧、导演”三个角色切换

上一章我们介绍了即兴戏剧，并将即兴戏剧作为“戏剧领导力”工作坊的重要工具来运用。为什么会选用即兴戏剧来训练领导力呢？因为如果你是一个话剧演员，你的剧本大概率是编剧写好的，导演会跟你一起研究剧本，并且告诉你他的构思，这时话剧演员是“站在巨人的肩膀上”的，他只需要背出编剧写的台词，执行导演的创作意图，在此基础上，适当地“二度创作”注入自己的理解，就基本完成了一个话剧演员的工作。

作为一名即兴戏剧演员，你没有剧本，也没有导演为你整体安排剧情，你所要具备的不仅是演员的单一能力，还要具备编剧和导演的思维方式，所以即兴戏剧对于人的综合能力训练要求是最高的，而即兴的场景也和我们日常行政工作或者面对客户时的场景极其相

似。所以，我们把即兴戏剧演员的训练，当作一种训练完整的、勇敢的、敏捷行动的人的方法。

即兴戏剧演员既要像"演员"一样，执行任务、突破困境、解决具体问题，是一个变化中的敏捷行动者；又要像"编剧"一样，切换视角、多元兼容、推进目标，是一个换位思考的同理大师；同时也像"导演"一样顾全大局、赋能团队、修己达人，是一个有宏观视野的实战专家；把战略意图，转化成打法，能运筹帷幄也能细致入微，同时具备"演员、编剧、导演"对应的三种思维，这就是我们在"戏剧领导力"课程中的训练目标。

即兴戏剧的训练，究竟是在练习什么呢？解放天性究竟在解放什么？在整个培训的过程中，这个团队需要面对什么、经历什么、挑战什么，才能够实现最终的目标？我们试图在表演课中寻找答案。

戏剧学院的表演课总是一个让人好奇的神秘课堂，在表演课上，你可以看到这些景象。

有人大喊大叫。

有人指天画地。

有人愤怒地摔摔打打。

有人感动地相拥而泣。

有人不断念叨着："八百标兵奔北坡。"

有人一直问你："生存还是毁灭？"

有人跪在地上哭喊："从此再也不和周家的人来往，否则，就让天上的雷劈死我。"

有人轻声低语："而热闹是他们的，我什么也没有。"

三五成群，是一群猴子在选王。

七八人一组卖鸡杀鱼，还原了一个菜市场。

一个人在角落无实物表演练习缝衣服，你几乎可以看出针的粗细、线的短长。

两个人在车站含情离别，心中纵有千言万语，但早已泪流千行。

他们都在练习什么呢？这些能帮助到演员什么呢？

在系统的表演课中，会把训练分为三个部分。

第一部分：解放天性——演员一生的自修课

潘虹说："演员有多深刻，角色就有多深刻。"一个演员一生都在解放天性，不断地扩展自己的"地图"，探索可能性的边界，他不知道未来要演什么角色，而他能做的就是不断突破自己、面对恐惧、挑战更难的事情，争取能够胜任任何角色。

第二部分：双人交流练习——接收和给予流动的智慧

在大多数故事里，都是一对一的双人交流场景，你如何才能接收到对方发出的微弱信息，又能够准确地表达自己的想法？这就像呼吸，有节奏、有情绪、有接收和给予；就像跳双人舞，很多舞者可以通过不断练习把独舞练到非常熟练，但不是每个舞者都能够跳好双人舞，因为双人舞是一个相互配合的过程，不仅仅要练熟自己的动作，更要记住对方的动作。当对方出力的时候，要懂得收力；当自己出力的时候，要照顾到对方能够接受的程度，这一出一收，就是接收和给予中流动的智慧。我们之所以看"老戏骨"间的对手戏感觉舒服，是因为这背后有那种恰如其分的呼吸感、流动感。

第三部分：集体小品、名著片段——大群戏、大背景下的众生相

在集体小品中，我们要注意的是和更大的社群中的关系，我这个角色在整个故事中的符号和意义。没有小角色只有小演员，一部《茶馆》有近 70 个人物，每个人物都是一个小世界，人物与人物之间又组成了更大的世界，每个人物都是时代的产物、历史的缩影，他们通过台词和自己的命运，向世界展现着那个时代的系统性思考。集体小品和名著片段，就是让演员跳出人物看系统，在戏剧中感受到自己与众多人物之间的关系，还有自己和时代大背景那个更大的

系统间的关系。

对不做演员的人来说，可以通过戏剧训练获得什么呢？经常有朋友问我这些问题。

- 我怎么能让自己更自信？
- 我其实都知道，就是说不出、做不到，怎么办？
- 怎么能感染别人？
- 为什么有些人这么有魅力、这么吸引人关注，我怎么才能做到这样？
- 成为一个有能量的人是天生的吗？还是可以通过后天训练的？
- 是不是只有外向的人才可以获得很多资源？我如果很内向应该怎么赢得大家的信任？
- 那些具备领导力的人，是当了领导才有的，还是有了这些能力才能当领导？
- 你说话很有能量，肢体语言很丰富，情感察觉又敏锐，是因为你本来就是这样的人，所以很适合学表演，还是因为你学了表演，所以被训练成了一个这样的人？

面对这些问题，我想说：以上这些是可以训练的。这也是我们给组织和个人设计“戏剧领导力”工作坊的原因。我在做演员时就发现了，表演训练不仅仅是对演员在舞台上的表演有所帮助，其实对从事任何工作的人来说，都需要这种“表现力”的练习。

演员是不是特别能“演”？其实有这样的想法这恰恰是不了解

表演训练，真正的表演训练恰恰不能"演"，而要让我们更敏锐、更勇敢、更主动、更完整地和"真实"连接，因为这套训练方法的底层逻辑是在训练"三种关系"。

表演训练中的"三种关系"

和自己的关系

我们是否能感知到自己的感受，我们是否能觉察到自己的情绪，当一个情绪萌生的时候，我们能否看到情绪背后的内在声音。觉察的第一步，就是我们对自己足够诚实，不断地和自己对话，问自己此刻真正的感受是什么？为什么会有这样的感受？哪些信念让我产生了这样的感受？这些信念是否合理？

和自己的关系

这一点上，我在后来做学习教练的过程中发现，“教练式对话”就是在帮助我们和自己建立连接，因为我们只有和自己建立了健康信任的关系，我们才能真正从源头获得力量。这是我们一切的起点，我们的突破、坚定、自强、觉醒都是从和自己的连接而来，在我们看见自己、走进自己、爱护自己之后，那个强大的、绽放的自己，就会驱散我们所面对的恐惧、焦虑、怀疑、不安全感，从而让我们成为内外一致、知行合一的行动者。

和他人的关系

陈道明说：“演戏演的就是人物关系，人物关系对了，一切都对了。”我们的生活就是由我们和他人的“关系”构成的，可能是兄弟、姐妹、父子、母女、夫妻、爷孙、邻居、同学、师生、室友、同事、老板和下属、厂长和车间主任、程序员和产品经理、房东和租客……这一个个关系的背后，就有着一个个不同的“剧情”。关系没有一成不变的，我们可能因爱生恨，付出渴望回报，在一段关系的发展过程中，有时越来越好，有时越来越糟，一定是波动流转的。对我们而言，把握处理好关系，会给我们带来很多的能量；陷入对抗斥离的关系，则会给我们带来消耗。

生活就是一场戏，我们就在这一重重千丝万缕的关系中，把负向转化成正向，把挑战转化成资源。我们互相提供支持，交换价值，实现共赢。我们要思考如何处理好这些关系，并在这些关系中，支持他人、陶冶自己。“当你穿过风雨，你再也不是原来那个人。”我们好像在戏剧中不断地模拟，在生活中不断地实践，每一种处理方式有每一种的艺术，每一段关系有每一段的风景，一次次跌倒又一次次站起来，我们就在这些交错中逐渐变得成熟而强大。

和社群的关系

我们在群体中是怎样的存在？是一直"跟随"，还是习惯"领导"；是希望大家都关注我，还是想做一个"小透明"；是能够自在地在群体中多线程沟通操作，还是总觉得自己无所适从，更喜欢一对一交流？

戏剧是一种综合的艺术，我们需要和多人有不同程度的合作才能完成，而这又像极了我们生活中需要面对的方方面面。我们如何处理好“一个和一群”的关系，如何在众多关系中建立起自己的支持系统？戏剧将是很好的训练方式。

生活就是一场即兴戏剧。

我们好像是在做“表演”训练，实际上我们在用“表演”这个工具，来模拟日常生活和工作中可能遇到的各种情境，我们在放松的情况下是如何应对的，在有压力的情况下又是如何应对的，我们通过体验这个过程，发现其中的模式，通过模式看见背后的信念。如果我们的生活和工作出现了困扰，我们看看如何调整这些“模式”和“信念”而改变我们的现状。

生活处处都是我们的舞台，扮演好自己的角色，将舞台、生活、职场三个元素相互连接，让我们用演员的体验者之“心”来感知自己，用编剧的设计者之"脑"来理性地从各种视角观察周遭，用导演的组织者之"腹"来影响协调身边的一切资源，转化危机，超越现状，建立支持系统并完成更大、更难的挑战。

归来学长，有分享

/安晓宏
米其林中国前学习与发展总监

第一次邀请陈峰团队与我们公司合作，是在有关公司总部 HR 团队融合活动上。课程结束，同事们都被即兴戏剧的冲击力折服了。在此之后，陈峰团队成为米其林中国区的常客，多次给包括中国区高管团队在内的不同团队，带来了一次又一次的惊喜。

陈峰还将教练与即兴戏剧进行了很好的整合。为了把教练与即兴戏剧更好地结合，陈峰还专门去学习了专业教练课程，并且拿到了国际教练联盟（ICF）认证的助理教练（ACC）资格。通过把教练与即兴戏剧相结合，让教练们可以更好地练习从理论到实践，将"心、脑、腹"功能结合起来应用到教练对话中，让教练在对话中更具觉察力、更有智慧、更能共情，从而更有效地支持教练对象。即兴戏剧可以让人打开感受力、发展感知力，打破自身限制不断探索，提升自己的表现力。

/李林星
某超豪华汽车品牌网络发展部区域经理

我还清晰地记得在工作坊的分享环节中，一位资深经销商总经理激动地说："这是我多年以来笑得最开心的一次，我和伙伴们都彻底解放了自我，更彻底领悟了陈峰老师想传达给我们的'Yes, and'精神。"

我们是一个咨询辅导团队，每天沉浸在各种 KPI、系统和流程中，我们常常要求别人要敏捷、要对市场做出快速反应。参与工作坊之后，我们开始真正反思，我们自己真的做到敏捷了吗？在这个千变万化的市场中，我们又如何带领品牌应对自如？

几次体验，我每次都有新的领悟，每次都感受到不同的兴奋和惊喜。更令我快乐的是作为旁观者，看到更多人获得不同的领悟和惊喜。我会继续把即兴戏剧工作坊推荐给更多人，希望你们也和我一样走进“Yes, and”的世界。

平安银行总行公司银行部培训室前副经理
/欧阳献

陈峰老师以其灵动、敏捷、创新的风格，帮助我们认识到即兴戏剧是对生命无限可能的探索。通过即兴戏剧的实践，我们可以培养自己在生活和工作中的能力和智慧，为我们的生活注入活力，为生命增添色彩。它将激发我们的内在活力，打破我们的思维定式，让我们更加信任和支持彼此，创造更加卓越的工作成果和生活。

我将陈峰老师的“戏剧领导力”课程引入到公司的培训课程中，并获得了学员们的喜爱。这门课程以其独特的形式、轻松愉悦的体验，带给人启发，将其迅速推广到公司的各个部门之后，得到了领导和同事们的认可和肯定。

机械制造业守业+创业创始人
/宋岚

陈峰老师由浅入深地带着大家一起开始课程体验，每个人都参与进来，非常轻松有趣。在陈峰老师的引导下，大家慢慢地打开自己，先从身体开始打开，再到突破自己的心理防线，逐渐递进，直至最后愿意登台表演。

只要一开始就建立了信任，全身心地投入到课堂中，你会发现自己的心理防线悄无声息地就被突破了，展现出一个全新的自己。

把自己从现实中拎出来，回望自己的人生，每一天也像是在演戏，往往在生活中我们会“演”得非常忘我，常常把“我”放大，而忽略了其他的事物。

碧迪医疗大中华区人才管理负责人
/王蓓

在我们持续合作的项目中，"戏剧领导力"工作坊提供了一种独特而创新的模式，以推动组织创新力和团队智慧的绽放。通过即兴戏剧的方式，员工能够在舞台上展现他们的才华和创造力，同时培养领导力和团队合作共创的能力。这种独特的学习方式不仅能够激发员工的潜力，还能够促进团队间的信任和沟通，从而为组织带来持续的创新和高绩效的产出。

我强烈推荐陈峰老师的新作，无论您想推动组织发展，还是寻求提升团队的合作能力，这本书都是一本不可或缺的指南！让我们一起用戏剧的力量，引领组织走向创新的未来吧！

某世界500强科技公司大中华区校招负责人
/周燕

我接触到"戏剧领导力"课程是通过身边的HR朋友的推荐。惊喜的是，我在活动中的体验和收获是远远超出自己在策划活动时的预期的，很大一部分原因是现场沉浸式的互动、体验是非常丰富和多维的，打开了我所有的感受力，而这很难用话语或文字去完整呈现。区别于传统课堂式的培训，即兴戏剧式的培训提升了大家的参与感，让所有人都能融入其中。同事们非常享受有趣的培训过程，也看到其他人在活动中展现出的创造力、与工作中不一样的一面，而且最后通过游戏体验总结出来的"Yes, and"的精神也让大家印象深刻。

某外资保险公司前员工关怀大使
/裘婧

公司和陈峰老师合作的6场培训中，共有240多名客服参加。陈峰老师用即兴戏剧的方式培养员工积极应变、多元思维、辩证思考能力，整场培训轻松但不放松，所有人都在笑声中完全打开了自己。员工领悟了要全情投入聆听和关注对方，用最纯粹的方式"施"与"受"，提供有温度的服务，不是“Yes, but”，而是不断地“Yes, and”。

陈峰老师的专业令人折服，他现场应变能力之强，可以场控全局，收放自如，对每个参与的人而言，这次培训绝对是人生的重要体验，感恩。

/仇佳橙
参天中国人才与组织发展负责人

我们对领导力这个词不会感到陌生，但就我个人而言，在我没有认识陈峰之前，在没有体验过即兴戏剧之前，我是万万不会想到戏剧和领导力会发生如此想象不到，但又妙不可言的关联的。随着陈峰对戏剧与领导力的不断演绎，让成年人回归了本真。

我们的身体是第一件也是最后一件神圣的外衣，陈峰的“戏剧领导力”工作坊，借由我们最智慧的身体，巧妙地将戏剧与领导力有机融合，也顺应了这个时代的领导力特征：精明的头脑、非凡的勇气、温柔的内心，最后形成一个身心合一高度整合的领导者形象！

/王宁
某知名咨询公司部门负责人

释放天性，用最朴素的方式理解高深的领导力。终于，我们可以在不确定的变化中汲取力量，随时随地从容面对未知的变化和挑战，排除干扰、积极面对。这就是即兴戏剧带给我的力量！

行动与感受·行篇

“脱离实践的理论，是空洞的理论”

戏剧课，可以为企业解决什么问题

CHAPTER 5
第五章

给管理团队的工作坊："共创的力量"

共创：甜蜜的负担

通常我们都会有这样的烦恼：当我和团队在一起工作的时候，不如我一个人效率高，"一个人走得快，一群人走不了"。尤其是刚当领导的那几年最难熬，我们之所以能够当上领导，是因为业绩做得好或者工作更高效。过一段时间，我们会发现几乎无法专注于工作本身，而是在处理人和人的各种关系。我们经常会感慨和害怕，"共创"这个词听上去很美好，但它就像海市蜃楼一样，能看见却那么的遥远。

当你专注于手上的工作时，团队成员跑来问有什么需要我帮忙的？我们要警惕这个时刻，因为当团队成员开始问这个问题时，就意味着他"帮不上忙"，他对目标不清楚，他对分工不明确，他在组织中“爱莫能助”。问题并不在提出这个问题的团队成员身上，因为他至少发现了组织“不需要”他。当我们被这样询问的时候，这是一个很棒的觉察时刻，自己有没有充分地利用团队的资源，有没有充分地看见团队的潜力。这时候我们有必要来分开看一看，“共”“创”这两个字了。

“共”，就是共识

信息在团队中是共享的，目标在团队中是有共同聚焦的。想法分为两种：一种是我内心的想法，另一种是我把它表达出来，成为团队的共识。在即兴戏剧的团队里，往往演出之后的复盘会出现这种情况，一个演员说：“我刚才表达的不是这个意思，是另一个意思，我本来想讲某个故事的，大家没有理解这个意思。”这个时候团队就会提醒他说："如果你想要表达某个意思或者讲某个故事，你需要第一时间把它翻译成团队能听懂的语言，让大家共同理解这个意思，不然，谁都无法提供支持。"这个时候，共识就非常重要。在即兴戏剧的团队中，我们必须和所有成员形成关于这个故事的共识，所有人才能共同支持完成这个目标。可以说一场即兴戏剧成败的关键就是共识是否清晰。方法可以千变万化，即兴可以天马行空，但是共识永远专注聚焦在一个点上，一场演出才能做到"形散神不散"。在没有事先计划和讨论的情况下，即兴戏剧团队达成共识的唯一方法就是充分、有效、清晰地表达信息。所以不用担心你说得太多、太啰唆，因为"达成共识"这件事情就是要反复说，一直说，永远不怕多。

有一个简短的即兴戏剧练习是专门用于达成共识的：

A：昨天是星期几？

B：星期天，怎么了？

A：妈给我发消息说，我竟然忘了给她发母亲节的祝福。

B：这有什么的，反正你去年也忘了。

A：是啊，我真是一个没心没肺的人！

B：我听到了，你是一个没心没肺的人。

A：是的，我是一个没心没肺的人。

A 第一次提到"我真是一个没心没肺的人"，可能是随口一说。当 B 开始说"我听到了，你是一个没心没肺的人"时，A 就意识到，这可能是一个共识，因此他也重复说"我是一个没心没肺的人"，因此，B就领会到了A的意图，确认了A是一个没心没肺的人，这个共识就此达成。后面的故事就会围绕着A是一个没心没肺的人而展开。剧情中可能会出现：他叫错了自己猫的名字，打不开家门结果发现这是别人家，忘记了儿子的生日，甚至忘记了自己还有个儿子等一系列的喜剧场景就自然而然地发生了。你们之间一旦达成了共识，所有的故事都会水到渠成。于是我在排练的时候会告诉即兴戏剧演员要花90%的精力去找共识，而不是找故事。找故事是在挖掘自己的聪明，而找共识是在激活一个团队的智慧。

"创"，就是行动

"创"是建设性的、延展性的、从0到1的、从1到100的。当有了共识之后，行动就会变得有目标方向。有了"共"，"创"好像

就可以水到渠成了。通常情况下，我们会认为“共”是首要的，办法总比困难多。在实际操作中，“创”好像比“共”更难。达成一个共识，大家只要说“Yes”就可以了，而创造的“and”每个人却有不同的观点。

我们曾经创造过这样一个喜剧故事：面对一个小假期，大家花5秒达成了“去旅行”这个共识，而接下来却花了很长时间讨论：去哪里旅行？乘坐什么交通工具？选择城市美食还是自然风景？自由行还是跟团游？这里的每一个议题都引起了一场激烈的讨论，每个人的发言都很有道理，在任何一个人发言后停止讨论，大家都可以被最后一个理由说服，但有趣的是新的发言又会扭转局面。等到大家终于确定了大致方案，新的问题又出现了：谁和谁同住？有人打呼噜、有人爱熬夜、有人易醒难睡、有人早起运动，有人中途才能加入，有人在某个城市要去朋友家。最后，他们忽然发现，一起旅行真的是一个很大的负担，大家最终的共识是：哪里都不去，在家看电影。至此，讨论终于进入了短暂的中场休息，因为马上他们又为看哪部电影开始了新一轮的讨论。这是一个典型的“一个人走得快，一群人走不了”的故事。虽然这是一个喜剧，但是也提供了一个“共创”的反例。

有效的“创”是想法激发想法，而非想法“战胜”想法。

“创”并不是彼此说服，不是我的想法比你的想法更棒，因为“战胜”后得出的结果最后都会折损，那个旅行的故事就是最终一无所获。真正的共创是想法激发想法，是一种增量思维，是创造性的、建设性的、延展性的，大家在“创”的过程中，有所取舍、有所让渡，为了寻求更大化的收益。即兴戏剧里有一句话：“带来一块砖，而不是一座教堂。”因为一块砖是可以为一座教堂服务的，甚至为了满足教堂的需要，这块砖可以调整位置和形状。教堂是无法改变的终极形态，它也不再需要砖来加入。在通往创造的路上，团队更需要“砖”的支持性，而不是“教堂”的终极性。“我是革命一块砖，哪里需要往哪搬。我是发展一枝花，哪里能开往哪插。”可见，我们早就发现了共创的要义。

在即兴戏剧里，演员最强调共创，因为没有规定好的剧本，演员必须自编、自导、自演；因为每一次演出的故事都是完全不同的，

演员也必须依靠彼此启发，共同创作。即兴戏剧演员在上场之前会一起做一个热身练习，我们可以从这个练习中，看到一些共创的原则。

戏剧领导力练习“自由联想”

A：夏天。

B听到这个词之后，通过“夏天”想到“西瓜”（当然B可能想到“蚊子”“啤酒”“烧烤”等任何一个有关的词），B就重复说“夏天”，然后说“西瓜”。

A听到“西瓜”，就重复说“西瓜”，再由“西瓜”想到并且说“果汁”。

B就重复“果汁”，并说“甜品”。

A：甜品—长胖。

B：长胖—减肥。

A：减肥—运动。

B：运动—健身房。

A：健身房—办卡。

B：办卡—饭卡。

A：饭卡—大学。

B：大学—初恋。

A：初恋—长裙。

建议大家看到这里，可以放下书和身边的人试一试，和家人、同事或者朋友都行，看看他们可以和你共同创作出怎样的故事。自由联想的过程完全是随机的，规则特别简单，只有两条：重复上一个词；说出你第一个想到的词。

可别小看这个简单的练习和这两条简单的规则，我在企业里做这个练习的时候，什么样的情况都出现过，因此我通常会问以下三个问题。

敏捷团队的三个约定

我的第一个问题是：在"自由联想"的时候，有没有出现忘了重复上一个词的时候？

大部分人会点头，说有。

为什么会有"重复上一个词"这条规则？其实，这个练习里，隐藏着即兴戏剧演员的三个约定。

第一个约定是接收对方。

演员在舞台上是非常兴奋的，与很多人的想象恰恰相反，演员并不会因为紧张和害羞而说不出话来，新手演员更是如此，反而因为紧张和兴奋，会有强烈的表达惯性，总想滔滔不绝地说。这种很强烈的表达惯性，通常让演员忘了听队友的台词，以至于错失了队友的支持，变成自说自话的"独角戏"。

在组织里也经常出现这种情况：大家有很强烈的"说"的冲动，相比之下"听"的冲动就会弱很多。我们在工作坊前期调研中会发现，很多组织只有"讲话"没有"对话"，一个人说完，另一个人说，大家都在抢时间、找机会说，“说”与“说”之间没有任何关联，这样，很多时候表达就只有“表”没有“达”了。

如何解决这个问题呢？即兴戏剧演员用“自由联想”这个练习来训练团队的合作模式：他们早就预想到，在舞台上，强烈的表达欲会让他们失去彼此，因此在登上舞台表演之前，做了“接收对方”这个约定：

- 我在“说”之前先来“听”，用重复上一个词，表示我听到了、我接收到了。
- 我所有的“说”都是对你的“听”。我是听到了你说的，而想到了我说的。
- 我听到了你说的，而激发了我的“说”，我是因你而说，甚至说出了本来你想说的。

“Yes”接收信息，“and”给予信息，信息接收和给予的流动，就在这“先听后说”中不断练习，最终形成了肌肉记忆。即兴戏剧演员并不是在惯性里表达，而是基于接收到了对方的表达而表达。我们在听中同频，在说中共振。共创的氛围就此形成了。

做完这个练习，我会问的第二个问题是：有多少人听到上一个词，需要多久才能说出下一个词？

成熟的即兴戏剧演员，在听到上一个词之后马上就会说出下一个词，长期的训练让他们几乎可以在第一时间说出第一个想法。初学者通常会有 3 ～ 5 秒的思考时间，有些人甚至会更久，我们在企业里做培训的时候，刚开始会很好奇这 3 ～ 5 秒初学者内心到底发生了什么？经过和他们的访谈，我们发现那 3 ～ 5 秒中他们并不是头脑中一片空白，反而会飞速运转、考虑很多：这个词好不好，那个词合不合适，这么说恰不恰当，那么说会不会不合时宜。在这些"考量"中，我们的心里其实是有一个关于"好坏对错高低贵贱"的自我评价的，这个评价阻碍了我们直接说出第一个想法，也因为这 3 ～ 5 秒的考虑，让团队没有那么流畅、轻盈地行动。

在不止即兴交付过工作坊的 500 强企业里，很多团队都会强调透明沟通、简单直接、坦诚清晰、有话直说，因为组织越大、项目涉及部门越多，所涉及的沟通成本就越高，而有这样的沟通文化就会有效降低沟通成本。

如何建立上述的沟通文化呢？即兴戏剧演员在"自由联想"这个练习中给出了一个方法，他们上台之前的第二个约定是：减少评判。

我的即兴戏剧老师告诉我：我们永远不要否定第一个想法，因为不确定它会带着我们去哪里。多数情况下，第一个想法并不完美，但第一个想法最大的作用就是引出更多的想法。在我们否定了第一个想法之后，团队内部就会树立起一座高高的筛选门槛，能够翻越这个门槛的想法就会越来越少，以至于能通过这个门槛的想法会越来越安全，直到最终这些想法让人毫无兴致。

放下评判的约定让即兴戏剧演员不要害怕自己的想法不够好，而是先"开始"，在表达中把想法不断完善，因为即兴戏剧不是一个人的独舞，并不需要一个人建造一座教堂，只需要每个人带来一块砖，大家一人一块砖共同建立起教堂。人们会对教堂的样子有所偏爱，但没有人会对一块砖品头论足。

在一个共创型的团队里，减少评判有三个维度：

- 减少个人对自身的评判：忠于自己的想法，相信任何想法的价值，不内在消耗。
- 减少团队对个人的评判：允许所有表达被看见，并对表达的内容保持好奇、暂且不论对错。
- 减少个人对他人的评判：当我们对自己标准高的时候，也会对别人更苛刻。当你放下“对错”的判断，就会发现“不同”的有趣，接纳就自然而然地发生了。

最后一个关于“自由联想”的问题是：我们是否出现了“循环圈”的情况？

什么叫“循环圈”？举个例子，苹果—橘子—西瓜—榴梿—水蜜桃—猕猴桃—火龙果，或者成都—火锅—毛肚—肥牛—粉丝—豆皮—海带。

大家会发现我们在做自由联想的时候很容易掉进一个循环里，用我们的惯性表达。我的戏剧老师跟我说：“别在一个节奏里睡着了。”戏剧最强调的是节奏，一部话剧，从暖场到高潮，从低谷到巅峰，好的故事就是不断改变节奏、峰回路转，就像一首曲子，时而曲径通幽，时而气势磅礴，其实都是不断改变节奏的结果。

所以即兴戏剧演员在上场之前的第三个约定，就是打破惯性。

他们担心故事流于平淡会提醒彼此：当我们的故事掉进了一个节奏里，或者处于一个惯性圈里的时候，有人一觉察到就马上打破它，谁觉察谁打破。这样避免故事兜兜转转，还在原地踏步。因此，观众在即兴戏剧中会看到一个个超出预期的故事，或者在平淡的故事里陡然峰回路转，让观众发现了新的世界。建设性创造就是不断打破原有的惯性，发现一个新的可能，这也是即兴戏剧吸引人的地方，它让我们不断地看到新的世界和新的可能性，而即兴戏剧演员本身也因为这种打破惯性的思维，发现了一个崭新的富有创造性的组织形态。

打破惯性本身就是一种增量思维，一种不仅仅满足于现有的存量而去不断地增长，拓展、延伸边界的思维，具备这种思维的团队是勇敢的、是好奇的、是不断探索的、是不断向外延伸的，用冒险和试错践行了共创。

“自由联想”背后的练习

说到这里，我们可以总结一下“自由联想”对于共创的三个提示了。

- 接收对方，最大限度地领会对方的意图。
- 减少评判，以好奇的心态关注当下而非对错。
- 打破惯性，持续向增量延伸，不拘泥于已有的存量。

即兴戏剧演员们身体力行，通过和他们一起工作演出学习观察，我们会发现：即兴戏剧的每一刻都是全新的、丰富的，不是循规蹈矩、生搬硬套，而是不断地连接当下的信息，又超越当下的情境。

不止即兴在给国内某全国性地产公司设计的一个项目里，就是运用了“共创”这个主题。该公司希望从原来的房地产实体公司转向地产数字化信息服务型公司，在整个变革的过程中，公司强调的主题就是：连接、洞见、超越。

- 连接：看见当下的资源和挑战，悦纳现状说“Yes”。
- 洞见：减少评判，放下经验主义，深入底层逻辑，探索机遇和方向。
- 超越：以增量思维打破惯性，对市场需求勇于取舍，引领团队进入新的市场正反馈中。

从自己干到带团队，我们如何和团队一起工作？即兴戏剧团队教了我们这几招。

- 共识：清楚地表达你的想法。
- 创造：不断地突破舒适圈，有建设性地推进。

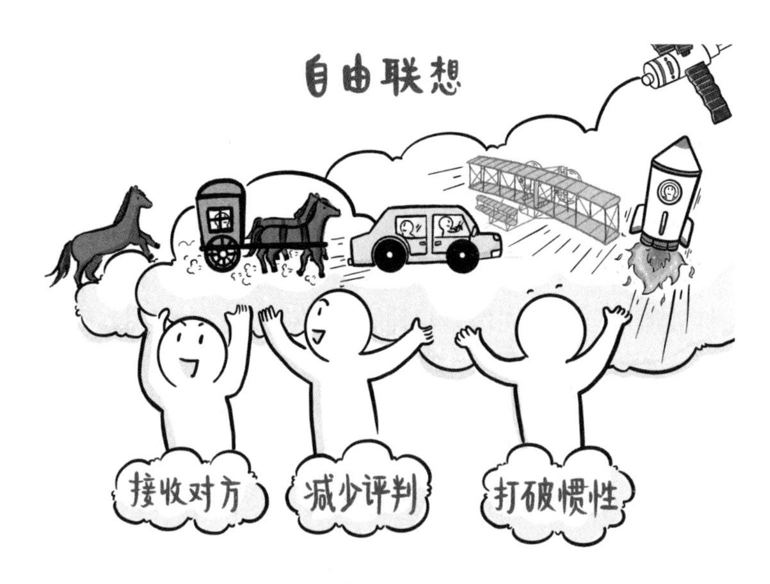

三个共创约定：接收对方，减少评判，打破惯性。

想以这种心态投入到团队工作中，就从“自由联想”这个练习开始吧。

归来学长，有分享

/岑东益 拓思教练机构学员

在第一堂即兴戏剧课上，我经历了一次突破，并通过沉浸式体验领悟到了教练之道。

这次突破让我克服了内心的恐惧，勇敢地与陌生人交流并站上舞台。作为一个内向的人，我曾害怕与人沟通，甚至不敢直视他人的眼睛，然而，在陈峰老师充满感染力的引导下，我逐渐放开自己，与他人建立互信，展示出童真的一面。这使我意识到自己拥有无限的潜力，这也是我第一次主动挑战自己，走上舞台参与即兴戏剧表演。尽管我起初内心极度抗拒，但是在大家的包容与支持下，我最终放下恐惧，自然地投入表演。

通过这次沉浸式体验，我领悟到了教练之道。即兴戏剧中没有预设、没有剧本，每一场戏都是全新的，需要演员之间信任、支持和内心的自然流露。这与教练对话异曲同工，教练需要全身心地倾听、信任和接纳对方，给对方"照镜子"，启发盲点。

感谢陈峰老师的引领，让我更加关注他人，得到了团队的支持与鼓励，体会到了教练的内在之道。

/苏雨 快手科技有限公司

在日常的工作中，大家都处在就事论事、有"边界、矛盾、冲突"的环境中，很有幸邀请到了陈峰老师给我们这样一个严谨、沉稳的组织做了一场"戏剧领导力"工作坊。

在整个工作坊中，神奇的是，全场人都在逐渐打开自己，释放自己的天性。人们在不确定性和模糊性中一次又一次地创造、丰富每一段剧情。一段段表演、一次次互动，其实都是关系的流动。

在这个过程中，大家相互感受，传递能量，走近自己，走进他人，收获了意料之外的悸动，有了意料之内的感悟。

/庄华（老P）
上海德筑企业管理有限公司创始人兼CEO

我第一次体验陈峰的即兴戏剧课程是在几年前德筑集团（CGL）合伙人会议上，当时我和团队第一次感受到了什么叫释放天性。所以接下来我多次邀请了陈峰和他的团队，还把他们推荐给了不少客户。

我们做过很多不同类型的活动和工作坊，但是陈峰和他的即兴戏剧让我们有最极致的参与感，在游戏和角色出演这种互动中感受团队合作，看见别人眼中的自己，实践沟通的艺术和技术。

我一直认为，无论生活还是事业，面对复杂的人和事的时候有趣都是很重要的。有趣的形式会更容易让人放松和接受，全身心地投入产生心流。当然能量的传递是相互的，团队之所以在这一天的体验中能量满满，我觉得是因为得益于陈峰和他的团队所表现出来的真诚和热情，是他们的全情投入让我们互相激发，从彼此身上获得能量。这点很重要，对专业服务公司来说最关键的就是激发人的能量，我觉得即兴戏剧可以帮助我们做到这点。

/牟熊璨
华住集团企业文化负责人

我和陈峰相识于ICF教练培训的课堂，超越和力量是他的戏剧课程带给我的真实感受，每时每刻都是全新的创造。

在互动活动中，我真切感受到了人与人之间的信任、流动、默契与合力。深入其中，我自身也体验到了抽离繁杂事务的临在状态，用“Yes, and”精神拥抱自己的心境，这种专注、沉浸、悦纳、共创的感觉真的很棒！

在课程中，陈峰的高能量点燃了我对即兴戏剧的热情，也带来了对领导力的更多理解和觉察。此刻，让我们一起通过本书近距离接触陈峰，一起体验戏剧领导力的力量。

/周倩
中国燃气培训学院专业人才中心负责人

我一直认为戏剧表演是体验多种人生的机会，而即兴戏剧则是一种更加纯粹的、更加彻底的感受：没有剧本、不做任何预设、不用背诵台词，所有的精彩瞬间是学员们的灵光乍现和老师们精心设计的完美呈现。如果想为自己的生活加点糖，只需要你的脑子里冒出来"是时候去参加一次即兴戏剧表演了"，来，到台上来！

/王艺洋
星盛商业学院负责人

我认为优秀的人不需要被教育，但是他们组成的团队需要被启发和达成共识。这帮名校毕业的高管，公司要培养他们什么？理论课不落地，拓展体验都玩过了。再加上大环境影响，外地的同事三年没回总部了，业绩一般，士气低落，新老融合等问题亟须解决。在对比了诸多体验教育供应商之后，我选择了陈峰。当时我不熟悉即兴戏剧，但是我认可"Yes, and"。

我对陈峰说："我希望被教育但是又不那么'被教育'，你可以做到吗？"。于是一场半天的工作坊，迎来了所有高管的好评。培训后的效果也影响至今，当意见相悖时，大家会说你先别否定，"Yes, and"一下。这就是陈峰和不止即兴团队带给我们的变化，他一直在做一件有趣且正确的事情。

/王蕊
某奢华珠宝腕表品牌培训经理

大家对于陈峰老师的课程都有不同的理解和总结，而我对陈峰老师的课程的认知，是从第一次线上会议中感受到他"充满热情的态度和话语"开始的。仅用半个小时的介绍，就让我们对"故事炼金术"的课程充满了期待。在课程现场，全员更是体验到了“超级感染力”，每个人都可以放下自己的包袱，尽情地表达自己，话语和肢体语言极其有张力，团队很快就可以找到共创、影响、互相成就的最佳状态。最后，我用“科学”来描述这个完全沉浸式的体验课程：课程的理论精准、逻辑严谨、案例扣题、引人专注，氛围却轻松愉悦，整体设计非常科学。

/陈敏
琳玛（上海）贸易有限公司

“有趣、专业、谦逊、富有感染力”，这是我对陈峰老师和不止即兴团队的印象。

我作为培训组织者，总是苦思一场培训后希望大家带走的是什么，而在陈峰老师的培训中，通过戏剧的“语言”带来领导力的“思考”，陈峰老师对戏剧的热情让每一次的演绎和剖析都有力而有深度，他对专业领域的探索学习，让他对每次课程的总结复盘的理解都更深刻，对参加者来说，不越界、不说教，从肢体体验转换到内心探索，主动沉下心来思考自己与他人、与团队、与社会的关系及相处模式，在即兴戏剧的体验中完成自我认知才能更好地和世界共创。

/黄乐乐
中国人民人寿保险股份有限公司江苏省分公司培训部经理

我从没想过即兴戏剧可以在培训中发挥如此巨大的威力，让从事培训工作13年的我开启了全新的思维模式，燃起了久违的热爱！

陈峰老师既是“疯子”，又是严师；可以温暖如火，也可以寒冷如冰。不管是冷还是热，都是出于爱，打心眼里想让对方好的那种。这是陈峰老师传递给我们的能量，也是身为培训人的初心。

这个夏天，有幸遇见陈峰老师，他像一束光，照亮了那个最真实的自我。坚定信念，保持热爱，追逐光，成为光！遇见更好的自己！

腾讯大数据平台部
高级产品经理
/高浩东

这次体验课程非常不同于大家的日常生活，因而给每个人都带来了一些新的视角。在用心体验的过程中，大家领会了什么叫支持，什么叫团队协作，什么叫信任，这对于接下来为期两天的教练课程非常有帮助，是一个很好的开始，每个人都可以从即兴戏剧中成长！

CHAPTER 6
第六章

给销售部门的工作坊："变化中的行动者"

在新冠疫情期间，一家美国高端床垫品牌，了解到不止即兴的"戏剧领导力"课程，它找到我们的课程设计团队，很快开始了第一次电话沟通。这家品牌的中国区 CEO 曾体验过即兴戏剧工作坊，在初步了解之后，他向我们提出了一个诉求：希望让高管团队体验到"变化"，预感变化、拥抱变化、创造变化。

这位 CEO 说：我们的客户人群大概是在 35 岁以上的中高收入人群，品牌进入中国市场的十几年来，见证了中国的消费人群和需求的不断变化。十年前 35 岁以上的消费者和如今 35 岁以上的消费者，对于消费审美、材质需求、环保标准、价格敏感度都非常不同。床垫是耐用品，而床垫的设计、研发、量产周期的更新迭代不像一般快消品那么敏捷，而市场的变化远比品牌的应变速度要快得多，与此同时，我们刚进入中国的时候是没有同类竞品的，当时中国并没有高端床垫的概念，而如今模仿和超越的故事并不少见，高管团队是要有"前线意识"的，也是必须不断地做出调整并行动的。因此，在中国这个大市场中，品牌竞争的核心能力之一就是应变能力。

客户的审美、需求、标准不断在变化，类似情况如卡地亚等奢侈品公司也在面对，因此不管是销售人员还是研发生产团队都需要不断的调整。经过充分了解每条业务线职能，以及员工是如何配合的，我们为他们设计了两天一夜的工作坊"变化中的行动者"。

预感变化、拥抱变化、创造变化

在我成长的环境里，父母这辈人会一直在某一个单位工作，直到退休，而我呢，学期永远那么漫长，假期永远那么短暂，大年三十的夜晚仿佛有无限的时间，白天也好像有用不完的精力和写不完的作业，爸爸永远可以胜任一切，妈妈会一直是原来那个样子。现在看来，那样的日子简直是种奢望。变化其实一直都在发生，妈妈随着刘欢的《从头再来》成了下岗女工，爸爸也因为单位关门提前买断了工龄，他们并没有"干到退休"，而是像现在某些互联网公司的员工一样"提前毕业"。我再也不用交作业，而北京也多了一个怀揣着演员梦的"北漂"。

宇宙大爆炸、太阳系诞生、从无机物到有机物，一路物竞天择、留下能生存的适者，直到恐龙灭绝、智人直立行走，部分文明的生发与灭迹。每个时代都面对着 VUCA，在那些易变的、不确定的、复杂的、模糊的迷雾中，蜕变出一个个崭新的生态。

我的老师说：舞台上即兴表演的故事像一条河流里的水，演员像被流水推动的叶子，有时水流湍急，叶子随水花溅起；有时水流平缓，叶子平滑渡过。水流有时漩涡急转，有时坠入瀑布，叶子不能左右流水的走向，唯一能做的就是与流水共舞：借势起势，顺势助势，时而飞身在天，时而潜入池底，水流永远不止，一路落叶缤纷。最关键的是，老师后来又补充了一句："生活也是如此。"

这么多年过去了，我始终记得老师的这个隐喻，这也成了我探索即兴精神的一把钥匙。那么，我们来看看即兴戏剧演员是如何面对变化的。在即兴精神里有这样一句话："一切都是礼物。"因此会有这么一个练习："神秘礼物"。

戏剧领导力练习"神秘礼物"

规则非常简单：

> A：今天是个特别的日子，我要送给你一个礼物。
>
> B：谢谢你送给我一个（糟糕的东西）。
>
> A：是的，我之所以送给你这个东西，是因为……

具体在玩的时候可能会这样：

> A：今天是个特别的日子，我要送给你一个礼物。
>
> B：谢谢你送给我一个垃圾桶。

A：是的，我之所以送给你垃圾桶，是因为垃圾桶是用来装垃圾的，但是它有一个特点，就是垃圾装满后会再次清空自己，所以我送给你垃圾桶，是希望你以后遇到情绪垃圾的时候，记得及时清空自己。

大家会发现，A送礼物的时候，并不知道自己送的是什么，要等B收到礼物后来命名它，命名的要求是“一定是一个糟糕的东西，给对方制造一个意外和挑战”。A知道他送出的这个礼物是什么后，就无条件地肯定说“是的，我之所以送给你这个‘糟糕的东西’，是因为这背后有一个积极的原因”，并说出这个原因，让B心满意足地开心接受这个礼物。这段表演是无实物进行的，所以接受礼物的人可以命名成任何“糟糕的东西”。

一个部门领导这样命名一个糟糕的礼物：

A：今天是个特别的日子，我要送给你一个礼物。

B：谢谢你送给我一个香蕉皮。

A：是的领导，我之所以送给你这个香蕉皮，是因为过去的几年里，我们部门遇到了很多困难，不是那么顺利，送给你香蕉皮是希望今年你能够脚踩香蕉皮，带领我们一路顺到底。

在不止即兴的课程中，这个练习经常会收获很多让人惊喜的时刻：

A：今天是个特别的日子，我要送给你一个礼物。

B：谢谢你送给我一只臭袜子。

A：是的领导，我之所以送给你这只臭袜子，是因为袜子从来都是一双，没有一只的，我送给你这一只是希望你能够早日找到另一个和你臭味相投的人。

A虽然不确定自己送出的是什么，但是在听到B命名礼物的那一刻，也要当场说"Yes"，并且给出一个让对方满意的理由：

A：今天是个特别的日子，我要送给你一个礼物。

B：谢谢你送给我一个破碎的镜子。

A：是的领导，我之所以送给你这个破碎的镜子，是因为完整的镜子只能看到你的一面，而破碎的镜子可以看到你的很多面，我希望你经常用这个破碎的镜子，看到自己更多的可能性。

我们经常惊讶于学员们的智慧，他们总会给我们很多意想不到的答案，这也许就是即兴的魅力，也是这种体验式培训吸引人之处。

领导者的共性

在“变化中的行动者”工作坊中，我们通常会问学员，这个练习在训练我们什么？收到的答案通常有：

- 编瞎话的能力。
- 一本正经胡说八道的能力。
- 想象力，事物与事物之间联想的能力。
- 快速反应的应变能力。

讨论了一会儿，大家又会说：

- 看见事物都有两面性的能力。
- 往好的方面想的能力。
- 在糟糕的情况下，过出幸福感的能力。
- 逆商思维。

是的，这其实是“领导力”的一个思维模型，我们在采访很多公司 CEO 或创始人的过程中，发现了他们都有一个共同且简单的特质：乐观。这里的“乐观”，并不是盲目自信地看好一切，而是即便在困境中依然有行动的心力，甚至身处至暗时刻，在一片漆黑中，依然能有寻找光源的能力。

这里我说的会比较极端，但其实任何企业的经营过程中，都会遇见各种意想不到的情况，当意外出现的时候，我们是委屈、抱怨、吐槽、愤怒，还是行动、改变、推进、转化？卓越的领导者往往会选择后者。我们可能会认为，因为他们是领导者，所以必须选择扛下所有，而我们深入企业后发现，因果倒置了，其实正是因为他们选择了后者，才能在大浪淘沙的职业生涯中，最终站上了"1号位"的舞台。

这个世界到底是主观的还是客观的？打雷下雨了，往往我们会认为世界是客观存在的。但在同一片天空下，有人会认为打雷下雨是老天爷为我的失恋而愤怒哭泣，有人会认为这倾盆大雨是上苍为我考上好大学喜极而泣。我记得一句欢快的歌词叫"在恋爱中的城市"，仿佛有人恋爱了，整个城市都因此而改变了。

我们确实活在一个客观的世界里，但每个人对客观世界的主观解读，决定人们进入了世界的不同高度。

我们经常会听到有些人的口头禅是：

- 完了。
- 这怎么办。
- 没办法。
- 死定了。
- 太难了。
- 不知道，没做过。

还有一些人的口头禅是：

- 这好办。
- 小事儿。
- 有办法。
- 好说，容我想一下。
- 小意思。
- 那还不简单。

我们可以轻松地从这些口头禅中觉察到一个词——“拥抱变化”。

“拥抱变化”：“Yes, and”

职场人对“拥抱变化”并不陌生，近几年很多组织可以说是在天天拥抱变化，大家对于这个词都脱敏了。很多部门“1 号位”的主要工作就是处理变化，把所有的意外情况，变得顺理成章。

“拥抱变化”的真正内核是什么呢？我们回看，那些卓越的领导者都是“拥抱变化”的高手，能从一片挑战中发现转机。“拥抱变化”这个词本身就可以看作“Yes, and”的中文翻译：

- “拥抱”就是“Yes”，就是肯定、认同、迎接、悦纳。
- “变化”就是“and”，就是可以被转化、推进、发展。

同样是“破碎的镜子”，有人觉得不能用了，有人觉得可以看到自己的多面性，这是两种截然不同的生命态度。我们可以说后者就是一个“拥抱变化”的人，而能够做到拥抱变化，其底层逻辑就是这个人调动"正向思维"主观地解读外部世界。既然自己的世界是一种主观选择，那我们怎么选，就会收获怎样的结果。心理学中的人本主义会认为：每个人永远有选择的权利和选择的资源。

因此，不止即兴对于"拥抱变化"的理解是：

- 拥抱 = 悦纳。
- 变化 = 转化。
- 拥抱变化 = 悦纳当下，正向转化。

请注意，这里定义的"拥抱"不仅仅是"接纳"，而是全然地"悦纳"，读者看到这里可以尝试用惊喜的口吻长长地说一声："Yes！"在课上我会带着学员这样说一次，就像是在年会上抽中了特等奖。"接纳"好像是逆来顺受的，是我们在默默忍耐这一切，而"悦纳"是迎接它、期盼它的到来，甚至为它的到来而预先准备。悦纳的力量，本身可以带领我们提升内在能量，让我们有更充沛的心力，为"and"的转化带来正向积极的行动力。

"神秘礼物"这个练习，之所以要求收到礼物的人命名一个糟糕的礼物，就是在有意地设置一个挑战、一个困境，看上去好像是送礼物的人送出一个礼物，实则是收到礼物的人给了对方一个"神秘礼物"，送礼物的人虽然不知道自己送的是什么，但是在听到对方命名的礼物之后，要全然悦纳，说："是的（Yes），我之所以送给你这个礼物，是因为（and）……"这个练习是在训练我们的"正向思维"，即拥抱变化的内在姿态。

在"变化中的行动者"工作坊中，我们发现让人可以在变化中行动的底层逻辑，就是我们以什么样的心态解读变化。床垫品牌的变化是消费者更挑剔了，原来的工艺要求虽然符合质检标准，但是消费者的标准要求更高了。面对这样的“变化”，品牌有两种选择。

选择一：我们一直是符合标准的，没有问题，而且全球的消费者都在接受这个标准，我们的市场部应该教育好中国消费者，让他们调整预期。

选择二：这正好是一次我们更新的机会，这样的反馈收集得越多越好，我们来看一看中国市场真正发生了什么，也正好借此实现中国市场的迭代，树立新的全球标杆，让总部更重视中国市场，给予更多的资源支持，形成亚太地区市场崛起的新动力。

这是以两种内在姿态面对同样的“变化”，采取两种截然不同的行动策略，也必将创造两种云泥之别的结果。显然，聘请我们的公司希望采取第二种行动策略，它们知道这将面对的挑战，但也看到了这样行动可能带来的巨大机会。我们始终相信，组织的创造力是由组织中的人决定的，为这些行动者赋能，看见“变化”中更多的正向收益，心向太阳、面朝大海，路始终会越走越宽，所谓“事在人为”，也许就是指面对变化时，我们所采取的不同行动吧。

为了让学员在课程结束后依然有行动的能量，在“变化中的行动者”工作坊中，我们加入了另一个练习，用于预演未来可能会面对的困难，同时也为可能会发生的困难收集一些解决方案。这个练习叫“幸运的是、不幸的是”。

戏剧领导力练习"幸运的是、不幸的是"

规则1：3人、5人或者7人一组。

规则2：大家接龙一起讲一个故事，每个人都以"幸运的是"或者"不幸的是"作为开头。

A：我们3人一起去度假了。

B：幸运的是，我们的旅程被某品牌赞助了，获得了一笔经费。

C：不幸的是，我们必须在旅程中拍一系列的视频来宣传赞助商的鱼油胶囊。

A：幸运的是，我们因此而决定去海岛度假，并获得了赞助商赠送的快艇。

B：不幸的是，我们没有人会开这个快艇，必须花钱雇一个快艇驾驶员。

C：幸运的是，我们请这个驾驶员为我们培训，并且快速查了资料边学边练，不一会儿就开向了海岛。

A：不幸的是，我们遇到了海啸，所有人都掉进了海里，而且还不会游泳。

B：幸运的是，我们都预先穿上了救生服，3人抱在一起漂浮着，谁也没有沉下去。

C：不幸的是，我们出发时带的食品和饮用水都不见了，我们没有任何吃的，饿晕了。

A：幸运的是，我们醒来发现被海水冲到了一座小岛，这个小岛上有些果子，水洼里有之前下的雨水。

B：不幸的是，我们误食了一些有毒的野生植物，有人口吐白沫，中毒抽搐。

C：幸运的是，我们情急之下找出身上仅存的一些鱼油胶囊给中毒的人吃下，发现竟然神奇般地化解了毒素，意外地发现了这个鱼油的另一种神奇功效。

A：不幸的是，我们不敢再吃小岛上的任何东西，大家又饿又冷，找不到住处过夜。

B：幸运的是，我们往小岛深处探寻住处的过程中，发现竟然有人类在此居住。

C：不幸的是，这是食人族，他们发现并抓住了我们，把我们捆了起来，准备烤了吃。

A：幸运的是，我们发现食人族因为常年吃有毒的野生植物，面色铁青，他们吃了从我们身上搜刮出的鱼油胶囊，一个个容光焕发，把我们奉为神明，不仅不吃我们，还好吃好喝伺候我们，希望我们给他们更多的鱼油胶囊。

B：不幸的是，我们不但没有更多的鱼油胶囊，而且这是个母系社会的食人族群，200 斤的祖母看上了我们皮肤白嫩的基因，希望我们留下来传宗接代。

C：幸运的是，鱼油赞助商通过快艇上的定位得知我们遇难，经过几天的搜救，终于找到了困在小岛上的我们，并且为食人族提供了更多的鱼油胶囊，我们也把整个过程记录了下来，提供了非常受欢迎的宣传片素材，我们获得了一段非常奇妙的旅程还有额外的丰厚奖金。

如果大家愿意，这几乎可以是一个无限讲下去的故事，但我们就暂停在这里。因为我们的目的并不是讲一个故事，而是看看在这个故事中，我们在练习什么。

这个练习其实还有规则 3：讲"不幸的是"的人，要设置一个"灾难性"的不幸，几乎让故事陷入绝境（你会看到，举例的故事里每个"不幸"都是致命性的）；讲"幸运的是"的人，要用"幸运"有效地化解并推进这个故事。

"神秘礼物"背后的练习

为什么会有这条规则？——" Yes, and"就是"拥抱"不幸，并"转化"不幸。前者设置一个挑战，后者看一看如何以"拥抱变化"的心态应对挑战，不仅仅是心态，而且要找到行动方向和解决方案。我们在给一家叫"莉莉丝"的游戏公司做文化价值观落地的时候，就了解到了公司的一种文化："拥抱现实"，即在顺境中看见危机，在逆境中推动转机。于是我们为这家公司设计了"幸运的是、不幸的是"这个练习。

我们之所以很喜欢这个练习，是因为它非常符合现在组织所面对的情境，总是会预见一个又一个"不幸"，好像总有解决不完的问题、处理不完的意外。很多部门设立的目的就是解决和处理这些意外，而这个练习教会了我们什么？

这个简单的接龙讲故事的游戏，其实在调动一些思维模式。在组织中，我们会邀请所有参与人员在体验完之后来做复盘讨论，大家通常会有这样的心得：

- 任何不幸背后，都有一个幸运的可能。
- 幸运不仅是心态，还是行动力。
- 不会永远卡在一个时刻，即便有再大的不幸，总会继续向前。
- 事情不会永远幸运或者不幸，总会有一些意外和转机，我们就是那些解决问题的人。

进行这个练习其实是为了和所有成员达成一个共识，对即将发生的变化做好充足的准备，让每个人都有意识地成为“变化中的行动者”，所谓行动者的“乐观”并不是相信出发后一切都顺利，而是就算遇到各种意外，也依然会有行动方向和解决问题的“光源”。

在企业的实际交付中，我们其实会运用企业本身所面临的具体情境，来调整"幸运的是、不幸的是"这个练习。英飞凌在新冠疫情期间，由于物流问题，曾出现过芯片原材料短缺的困境，我们在线上课程中为其设计了相应练习来支持探索解决方案；中宏保险的客服部门的工作大部分时候需要面对客户投诉，因此客服有很多压力和负面情绪，我们用"幸运的是、不幸的是"这个练习疏解他们的压力和情绪，甚至找到了转化客户负面情绪的方法；床垫品牌在未来的行动里一定也会遇到意想不到的挑战，而这个练习也在帮助团队预演困难并储备解决方案。

因为涉及交付客户的具体业务信息，我们在书中并没有列举大家在课程现场产出的行动策略，但我们收到的反馈是"变化中的行动者"工作坊让团队不再担心"变化"，甚至不再因为变化而对未知感到恐惧。

变化总在发生，就像烈日下骤雨瞬息而来，白日黑夜星移斗转，一年四季春秋交替，没有一个时刻会短暂地停留，我们不能两次踏入同一条河流，变化才是永恒的。即兴戏剧演员在舞台上，时时刻刻面对着挑战和意外，观众有时会以测试的心态看演员是不是真的在即兴表演，因此会在表演中制造很多"刁钻"的意外的挑战，而即兴戏剧演员表演的主要目标，就是把这些意外的挑战一一化解，最终合力把故事推向一个完整、美好的结局。峰回路转、柳暗花明，我由衷地赞叹这种"即兴精神"所带来的行动的智慧和良好的心境，因此我为这个工作坊取了"变化中的行动者"作为名字。

归来学长，有分享

/ 雷杰仁
美敦力大中华区
人力资源总监

我感受到陈峰老师是一位非常专业、激情四射、专注和能量满满的导师，他对即兴戏剧、对表演、对创作、对解放天性、对打开人心都有独特的见解和实践，每次都能为参与者提供沉浸式的体验，让参与者能够深度体验连接的力量、沟通的美妙、表达的畅快、表演的兴奋和成长的快乐。陈峰老师把即兴戏剧和商业场景的结合真正做到了寓教于乐，让企业管理者全身心投入，在体验中学习、在学习中体验，快速完成从思维到行为的转换。

/ 王栋
勃林格殷格翰大中华区
人才发展经理

我在2020年的团队年会中第一次接触到了即兴戏剧。作为一名人才与组织发展工作者，我被这种富有创造力又兼具挑战性和不确定性的互动式艺术表演深深折服了。工作中，企业领导者变换着不同的角色，如：组织教练、战略家、思想家、变革者、决策者、影响者、倾听者等，而即兴戏剧正如一场沉浸式体验，让每一位参与者在轻松愉快的氛围中，自然而然地感受多重领导力角色，掌控属于自己的舞台。与此同时，即兴戏剧开放式的全然悦纳与勇于创新原则，如同组织发展与变革中重要的敏捷基因，是当下组织进化的核心竞争力。

/ 王晓燕
喜马拉雅前企业大学
执行校长

“Yes, and”这个概念并不陌生，但真正参与进来才能感受到它的神奇。在陈峰老师带来的即兴戏剧工作坊中，大家从机械化的日常工作中体会到了自己身体语言表达的奇妙，带来了心灵的碰撞与触动。每一次互动在开始之前都是未知的，这可能与我们常常提倡的“结果导向”的思路不同，生活和工作中，在一个项目的开始，往往容易以

"我要"的心态对未知和不确定进行预判或产生敌意，产生消极或不信任的情绪。若转换为即兴戏剧的共创思维，打开自我、释放潜能并链接他人，也许实现过程就会更加顺畅敏捷，涌现出更多创新与共赢。

/冰冰 腾讯学堂培训经理

远洋计划学员在参加了陈峰老师的即兴戏剧工作坊之后感触颇多。正如一位学员所说："我学会了把比较负面的情绪转化为正能量，去悦纳、拥抱变化。我们马上要启动出海，对我们来说，其实面对外部的形势时我们也会有自己的担心，我们敢于尝试、敢于拥抱变化，面对未来出海的道路，我们会更加的坦然和淡定。"

出海是孤勇者之路，路上会遇到各种未知和不确定因素，悦纳、拥抱变化对即将踏上远洋征程的学员们来说尤为重要，可以帮助他们在未来的道路上更加从容。

/吕超 耀客传媒CEO

人生如戏、戏如人生。我参加了陈峰的即兴戏剧工作坊，通过戏剧演绎和功能演化，带给了我一段解放天性、认知自我、释放潜能的奇妙体验。戏剧与领导力，看似八竿子打不着的两个抽象事物，内在建立起了一条通路。参与者可以深刻地感悟：管理是一门艺术，领导需要从心出发。

/何佳颖 礼来中国人力资源高级总监

我接触即兴戏剧是一次偶然的机会，HR townhall[㊀]上安排了半天的"演戏"环节。我是抱着凑热闹的心态参加的，确实很fun[㊁]，也很"放"，在陈峰的带领下解放了天性，引爆了场域。更难得的是，在一群"科班出身"的HR面前，陈峰不仅带得了节奏，工作坊还很有价值！

㊀ 一种员工会议。
㊁ 意为有趣，谐音接近"放"。

在生活当中，显然你并不总能同意别人说的每句话，但“Yes, and”的规则，提醒你用一个开放的心态，接纳队友已经创造出来的东西，说“Yes”。“and”就是在队友的基础上搬来一块砖，搭着搭着，我们就把整个房子搭起来了。在组织中创建这样“接纳和共创”的文化显得尤为重要！

/ 刘富德
深圳道童新能源有限公司创始人、国家重大人才工程入选者

陈峰老师的课让我最受启发的一点是：我们往往想得太多或者太关注细节，忽略了人的适应性和工作整体的流畅度，而这二者通常更重要。就像学习驾驶，即使我们把驾驶手册烂熟于心，如果不上路多开、多练，也不可能像老司机那样游刃有余。陈峰老师通过即兴戏剧这个极具代入感的工具发掘人的潜力，是种非常好的尝试，对我这种作为研究硬科技的“理工男”型创业者来说，冲击力尤其大。

/ 郑乃中
嘉华药锐 CEO

陈峰老师总是热情满满且才华横溢，让我印象深刻。作为一个创业者，我有幸参加了他的“戏剧领导力”工作坊，感受到了天性、能量和释放。创业的本质是我们对世界的认知和改造，而创业者对自身的认知和改造恰恰是创业的源头。在陈峰老师的“戏剧领导力”工作坊中，所有人都很享受打开自己、释放天性的过程，也很享受面对各种不确定性以及将不确定性变成更有趣结果的过程，就如同创业一样，不论个人还是组织，应对不确定性的能力都源于自身，有能力的个人和组织会积极拥抱变化并带来新的变革，这一切让创业路上的我找到了更好的自己。非常期待陈峰老师的工作坊，给每个变化中的行动者带来一道不同的风景。

国际非政府组织（iNGO）HR
/王笛

我在2021年10月第一次接触即兴戏剧和陈峰老师，他很专业，我经常被他积极热情的态度和声音感染，和他沟通即整个流程也特别顺畅。活动结束后，我们收到了特别多同事们的正向反馈。大家玩得很尽兴，在整个活动中同事们展现出了和往常截然不同的一面，即兴戏剧让大家更好地解放天性、了解彼此。

2022年我很荣幸地受邀参加了陈峰老师的HR专场线上团建，各位网友也终于在屏幕里见面了。虽然没有线下现场近距离的肢体和语言的碰撞，但是感觉依旧很精彩！每一个练习都饱含寓意，值得去思考、去回味、去总结！这场团建让我重新认识了自己，同学们的潜力也是真的无限大，让我笑得前仰后合，特别解压，大家都是编剧小天才！

2023年10月，我们又一次组织了"即兴戏剧进阶版"的线下活动，这次更加好玩，融入了不同的经典故事背景，有了服装、化妆、道具的支持，大家更加沉浸地投入角色的创作和表演，不断的笑声也说明了同事们有着无限的表演潜力和角色魅力。

CHAPTER 7
第七章

给创意团队的工作坊："创新型组织·灵感协作"

40 张桌子和 80 个人的交通堵塞

有一个场景让我印象特别深刻：由于我们下午的体验式培训需要一个空场地，而上午的环节需要有桌子，所以在上午课程结束后，学员们需要把桌子从会议室里搬出来。那场活动的会议室大概有 300 平方米，有 40 张桌子、80 个人，每两个人搬着一张桌子，从会议室里搬到会议室外，并且由于会议室外的空间也是有限的，所以桌子需要叠起来放。

现场负责人一声令下："所有同学下课时，顺便把自己的桌子搬到外面去。"于是，壮观的场面就出现了：

- 所有人要从 A 点（起始点）搬到 B 点（堆放点），80 个人搬

40 张桌子一起出去，并且只有一道窄门，于是瞬间出现了交通大拥堵。

- 所有人的目标都是从 A 点到 B 点，而到达目的地的人仅仅是把桌子放到 B 点就去吃饭了，B 点的桌子并没有按照最节约空间的方式摆放，占据了很多的空间，让后面的桌子无处放置。
- 有些放好桌子的人，需要回到会议室取东西，这道窄门既有人出、又有人进，几度既没法出，又没法进。

交通堵塞

组织过活动的人，一定能想象到这样的画面，最终也是有人跳出来担任"交通警察"的角色疏通协调，进度才得以加速。

我和老师们就是那批在门口堵得出不去的人，目睹见证了整个

过程，直到40张桌子和80个人都从会议室里出来，我们才得以走出会议室。

另一个解题思路

这场“拥堵”也许有另一种解题思路，如果“拥堵”的原因是每个人都要负责从A点到B点挪动一张桌子的全过程，那么，如果让80个人从A点到B点依次站成一条流水线，流水线的头端有5个人专门负责把会议室里的桌子交给流水线上的人，流水线的末端有5个人专门负责在B点整理叠放桌子，这样，每个人都不用单独走完全程，等桌子到自己身边的时候，轻松地传送给下一个人就行了，所有人都作为整体的一部分，一条人形流水线就自然完成了。

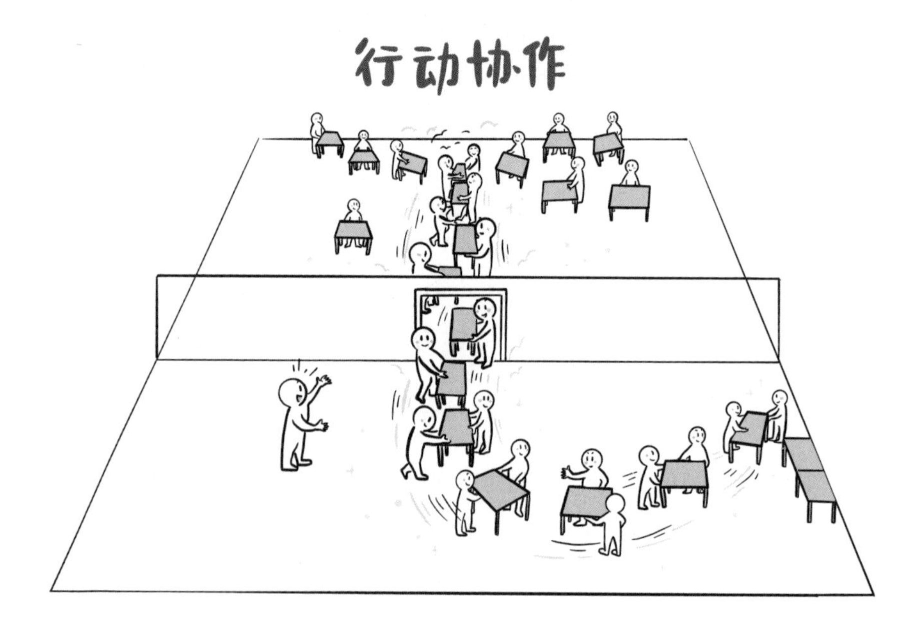

- 方法一：独立搬运，交通堵塞。
- 方法二：分工传递，顺畅有序。

方法二并不是我的"原创"，很早以前，有个叫弗雷德里克·温斯洛·泰勒的美国人，就在这样思考问题了，他甚至更极端，不断优化每一个步骤，以至于让流水线的每个人以最简捷有效的动作，最大化、最高效地完成任务。

"搬桌子"的例子，我愿称之为"行动协作"，这体现了"熵减"思维，在这个故事里，每个人都有着很强的体力势能，如果按照 80 个人"熵"的能量来看，他们的总效能可以搬运远远超过 40 张的桌子，但是当能量没有被有效组织起来的时候，这 80 个人也许在同一时间内只能搬运很少的桌子。如何用更少的人，搬运更多的桌子？这就是从泰勒到德鲁克等所有组织管理学者讨论的核心问题。

我们之所以在这一章的开头讲了"搬桌子"的故事，是想说组织在很早的时候就开始思考"协作"了，各种模型和方法都是为了解决"搬桌子"的问题，并且为了"搬桌子"甚至不断丰富部门种类，最终形成了现在的公司。现代组织的"行动协作"又不断迭代出了新方法："阿米巴经营""目标与关键成果法（Objectives and Key Results，OKR）""青色组织"等，可以说每一种形态都在不断完善。

行动协作 vs 灵感协作

之所以把"搬桌子"的故事叫作行动协作，是因为本章真正想探讨的是另一种全新的协作：灵感协作。

把人的“行动”组织起来尚且需要很多模型和工具，而把人的“灵感”组织起来就要难得多了，因为我们的经验是：富有创意的人通常都不善于合作。他们的大部分思想与众不同，才让他们显得富有创意。这些人通常会担心加入别人的想法，会让这个点子变得平庸。

“灵感”这个词本身就有独特性，好像我和自己的内在连接，或者我和周围事物连接，甚至和天地万物连接而获得的新知。中国古代是没有“灵感”这个词的，在英语里 inspiration（即灵感）也指代“一种灵气”，希腊语中称之为“神的灵气”。灵感不借由任何外力、不被任何人帮助，来到我的大脑中。这种感应是独立的、是天生的，好像但凡有一点别人的参与，都是对我的灵感的玷污。因此，富有创意的人，最敏感的就是你对我的灵感品头论足、指手画脚，如果你否定了我的灵感，就好像也否定了我。

可见，之所以灵感协作难，是因为有这些底层逻辑在阻碍着。《U 型理论》的作者奥托·夏莫就提出了“外套原则”，就是当我们在讨论这个外套的时候，我们把它从穿外套的人身上脱下来，放在我们共同看得见的地方讨论，这个时候我们只讨论外套，而并不是讨论穿外套的人。这是一个很清楚的区分，在讨论创意的时候，我们在讨论的是“那个点子”，而不是“我的孩子”，甚至到最后，它都有可能不是“我的点子”。

好的点子，总是忘了是谁的

虽然灵感协作要比行动协作难得多，但是在我们现有的管理工具里，为行动协作设计的管理工具已经非常多了，而为灵感协作设计的管理工具却寥寥无几。

直到我成了一个即兴戏剧演员，才似乎找到了答案。在早期，即兴戏剧并不是为了表演服务的，而是为了编剧的共同创作出现的。好莱坞和皮克斯的编剧们，会用一种"相互帮忙、彼此兜底"的方式一起创作，相比传统的编剧，这种创作方式更加流畅轻松，其结果也往往出人意料地丰富和有趣。

传统的编剧就像我们上学时写作文一样，从想题目到定主题，从人物对白到故事发展，一个人从头写到尾，写累了歇一歇，有想法了就拿起笔继续写。也有时候，这一歇就真的彻底没想法了。就像是在"搬桌子"的故事中，所有桌子由一个人从 A 点搬到 B 点，一个人承担了所有，可着一只羊使劲儿薅羊毛，所以才有了"江郎才尽"这种词。

即兴戏剧演员是不存在江郎才尽的，即兴戏剧是一个无限游戏，也就是说，每一次演出都是全新的故事，所以演员无法独自依靠个人灵感完成。因此，他们获得灵感的方式并不是冥想、打坐、天人感应，而是紧紧地关注队友的想法，从队友的想法中汲取并发展新的想法，所以我经常在课上说：好的点子，总是让我们忘了这个点子是谁的。

戏剧领导力练习“共创故事”

每个人的想法都很好，而我们要做的是在一起的想法会更好，甚至可以说每个人的想法都没有那么好，而组合在一起之后发现出奇地好。

如何让富有创意的人把灵感汇集到一起，实现有序地“搬桌子”呢？我们也许可以从这个练习中探寻一二。

按照以下规则每个人填空讲故事：

从前有一个……（有特质的主人公）

他每一天……（主人公每天会重复的事）

突然有一天……（一个意外的变化，打乱了正常的生活轨迹）

于是……（诱发行动）

于是……（新的局面或者出现反转）

于是……（故事的高潮）

最后……（故事的结局）

这个故事告诉我们……（从故事中获得的启发）

于是在做"共创故事"练习中，我们获得了一个又一个有趣的故事，比如下面这个。

A：从前有一个小和尚。

B：他每一天清晨都在寺庙里敲钟。

C：突然有一天他发现敲钟之后没发出声音。

D：于是他特别恐慌地去向师兄求证，他们却说可以听到钟声，小和尚这才发现原来是自己的耳朵出了问题，他听不到声音了。

E：于是小和尚非常苦恼，他去找到师父，想要治好自己的耳朵，他被告知治好耳朵需要一味叫"本心"的药材。

F：于是小和尚在寂静中过了很久，百思不得其解，终于有一天他发现，听不到外界声音的他，越发能够听到自己内在的声音，他听到了呼吸声，听到了心跳，甚至听到了脉搏和风擦过头发的声音，再看以前不懂的经文，渐渐体悟了文字间的含义。

G：最后师父告诉他，他终于听到了自己的“本心”，那一刻小和尚的耳朵突然好了，他终于可以像师兄一样诵经礼佛了，而庙里也来了一个新的小和尚，开始敲钟。

H：这个故事告诉我们：你不再听外在的声音之后，就会听到自己内在的声音。

通常我们也会多邀请几位学员做“这个故事告诉我们”这个环节，通常会有不同的收获，比如：

I：这个故事告诉我们：每给你一份苦难，背后都藏着更大的奖励。

J：这个故事告诉我们：打工人早起容易耳鸣。

用“Yes, and”讲出团队好故事

大多数情况下，每个故事讲完，小组的学员都会发出“哇”的惊喜回应。一个好故事越到后面情节越曲折、丰富，每个成员增加一段，随着大家轮流不断叠加，故事越发进入高潮，又以“这个故事告诉我们”为总结升华了整个故事。这是一个团队共创的练习，

因此我们会从"Ycs, and"的原则里提炼出两个"嘱咐"让大家更好地共创：

- "Yes"：不能否定之前所有的设定，所有被表达出来的内容都是成立的、被认可的。
- "and"：建设性推进故事的发展，探索更宽广的故事边界，避免"划水"。

什么叫"划水"？举个例子：从前有一个人，他每一天都吃饭，突然有一天不吃了，于是他感到饿，于是他特别饿，于是他特别特别饿，最后他饿死了，这个故事告诉我们人得吃饭。我举这个例子的时候，学员们在现场都会哄堂大笑，有些人还会觉得这个故事挺有意思。也许这确实是个有意思的故事，不过好的故事是有推进、有反转、有升华的，是主人公从开始到结束，获得了蜕变和成长的故事。

比如，我记得在课上学员们讲了这么一个故事：

A：从前有一个小黑猪。

B：它每一天都想要跳出猪圈，看看外面的世界。

C：突然有一天，农场主喂完它忘了关猪圈的门。

D：于是小黑猪从这个门溜了出去，一路狂奔，第一次见到了森林，它在这里吃野果、喝泉水，并在森林深处遇见了一只老虎，由于它没见过老虎，所以一点也不害怕，还主动把野果送给老虎吃。

E：于是老虎非常惊讶，因为所有动物都害怕得躲着它，老虎非常孤独，只有小黑猪愿意亲近它，所以老虎和它成了好朋友。老虎还把自己打来的猎物分给小黑猪吃，这是小黑猪第一次吃肉。吃完之后，它以为自己也是一只老虎，走路的样子都变得威风了。

F：于是森林里开始流传有一只非常厉害的小黑猪，可以差遣老虎为它送肉，小动物们非常想要认识它，纷纷把自己的食物送过来，想向小黑猪学习和老虎的相处之道，小黑猪把这些收到的野果都给了老虎吃。

G：最后老虎爱上了吃野果，也拥有了更多朋友，觉得做一个吃素且有朋友的老虎很有幸福感，而小黑猪成为所有小动物眼里的明星，最终被选为“森林之王”。

H：这个故事告诉我们：只要你有一颗善良而勇敢的心，哪怕是猪也能成为“1号位”。

I：这个故事告诉我们：和有影响力的人的相处之道，就是提供差异化价值。

J：这个故事告诉我们：选择大于努力，选择赛道和与谁同行很重要。

为什么“这个故事告诉我们”这个环节会讲几次呢？因为一个很棒的故事，总会有不同角度的解读，或者说如果只能从单一角度解读的故事，不能称之为一个很棒的故事。有趣的地方也许就在这里，通常在讲最后一句主题升华的时候，大家都惊喜地发现，竟然这个故事会获得这样的结局。这就是即兴戏剧中提到的“意外之喜"，你超出了我的预期，给了我一个更棒的惊喜。这也是团队在一起营造出"共创心流"的巅峰体验。

"共创故事"背后的练习

讲一个好的故事其实并不容易，我们在企业里做这个练习的时候，并不是每一个故事都那么让人满意的。有时候，故事缺少逻辑、前后矛盾，让人失去兴趣。这个时候，练习的重点来了，如何让灵感协作？不止即兴的戏剧引导师会邀请大家分享以下三个话题：

- 我是否每次都能完全听懂之前所有人表达的想法，并且在试图成就他们的想法？
- 我是否每一次在自己发言的环节里，都让这个故事变得别开生面，进入了一个新的局面？
- 我们是否始终在围绕着一个主题讲故事？

为什么是这三个问题？我们究竟在问什么？在灵感协作的团队共创中，我们需要以什么样的姿态和队友合作？下面我们来一起看看。

（1）我是否每次都能完全听懂之前所有人表达的想法，并且在试图成就他们的想法？

有很多培训会讲到倾听的模型，如"3F 倾听""剥洋葱式倾听"等理论，即兴戏剧里的"倾听"是表现在行为层面的，你有没有听到、有没有听懂、听了有没有认同，这些马上可以从行为中看出来。

有些时候我们以为自己听懂了，但其实只听到了对方真正表达的30%，即兴戏剧里的“倾听”是我不仅听到对方的内容，还要听到对方内容背后的诉求、情绪、意图，是听那个正在生成的未来，不仅听到了表达，还要听到表达背后未表达出来的内容。可以说“教练式的倾听”“双人舞式的倾听”是无条件不评判的悦纳，像幼鸟渴求被喂养一样，积极地、好奇地、全然地接收信息，不仅仅是用耳朵听，更是用思维听、用内心听、用行动的身体听，像湖泊拥抱并承载垂直而下的瀑布一样，全息全觉地迎接着听，并且把听到的内容存储在自己的内在里。“我是否每次都能完全听懂之前所有人表达的想法”，这条“倾听”的河流经由我，被我传送，在这个过程中，河流不会因为我的传送而削弱势能，理想的状态是，河流因为经由我，而变得更加汹涌。

（2）我是否每一次在自己发言的环节里，都让这个故事变得别开生面，进入了一个新的局面？

这一棒交在我手里，我是让这个故事变得更宏大了、可能性更多了、外部世界和主人公的内部世界变得更丰富了，还是与之相反？这是每一个团队成员都要思考的问题，前面我们提到过共创是共识和创造，第一个话题是在谈共识，而这个话题是在谈创造。我们有没有为故事创造什么新的事物，如果没有，我们好像浪费了一次输出的机会，所以在共创心流的小组中，每一个成员都应该只有一个宗旨：推进、推进，以任何形式向前推进故事，不断地创造冲突、放大机会、发现光源，以此为伙伴提供更多的可能性和更大的想象空间。

有时，当发言的聚光灯聚焦在我们身上的时候，我们下意识地会想："天呐，不要看我，快一点过去，让下一个人来说。"这么想的时候，我们往往错过了当下。就像有时候我们和别人谈判结束后，才想到有更好的语言回应对方，好想重新谈一次。因为谈判的那个当下，我们的内在其实没有选择"战斗"而是选择了"逃跑"，想快一点度过这个让人紧张的时刻。

创造也是如此，创造是一种"迎战"的心态，就像阿里的名言："此时此刻，非我莫属。"此刻是我的高光时刻，我要拔出自己灵感的光剑，向迷雾中的幽暗发起挑战，拿出舍我其谁的担当精神，让故事的一部分地图因我的创造而点亮。

（3）我们是否始终在围绕着一个主题讲故事？

这个话题在谈什么？——全局观。我们是整体的一部分，每个人支持所有人。

在企业里做这个练习的时候，故事往往会讲跑题了，本来故事的开头有个意图，到了后面却去了另一个方向，大多数情况下，这是因为故事里不同方向的"个人意图"太多了。

这是灵感协作的关键：团队都遵守一个指令、完成一个目标，虽然是多个人参与协作，但是行动起来却像一个完整的智慧生命体。这个智慧生命体会共用一个大脑，这个大脑不隶属于某一个人，而是置于所有人之上，其他成员的大脑就像是这个大脑的神经元，以灵感的形式存在。所有灵感，都是为了成就共同的智慧生命，即灵感协作。

在灵感协作中，每个灵感担任着不同的分工角色，有些灵感负责大方向框架，有些灵感负责在细节上补充因果逻辑，有些灵感会一直保留、不断喂养这个智慧生命体，有些灵感的存在是为了引出更棒的灵感。完成任务之后，这些“药引子”灵感就会被更大的灵感吃掉。所以并不需要关注谁的点子被采纳了，谁的创意被舍弃了，真正重要的是关注这个智慧生命体是否在完整、平衡、迅速地发展。

“成就他们的想法”是一件需要突破的事情，因为我们的第一愿望总是成就自己的想法，也希望“我的点子”成为主导。这个时候我们就要提醒自己，我们在讲“那个点子”而不是“我的点子”，我们在服务于那个看不见的“智慧生命体”，它只是经由我的喂养而变得壮大，同时它也有自己的智慧和意图。

如果这么看，我们就不难发现，当故事跑偏或者前后矛盾的时候，往往是灵感协作里的个人意图凌驾于“智慧生命体”之上了，有人在原本要去的方向里加入了一些“执念”，因此让故事的主题偏离了轨道。所以，我们始终要不断地提醒团队，我们是在讲“一个故事”。

个人英雄 vs 团队英雄

我的即兴戏剧老师跟我说，如果你的观众从剧场里走出来的时候说：“我觉得某演员好有趣啊，我好喜欢！”那说明是这个团队合作的失败。另一种情况是，观众说：“我不相信他们是即兴的，因为这个故事前后呼应、有始有终，看上去太完整、太合理了。”如果你听到这样的评价，演员们可以偷偷庆祝一下了，因为你们共创了一场完整的“智慧生命体”的即兴表演，所有人的智慧都在滋养着一个更大的智慧。在这里，个人英雄隐藏到了团队英雄身后。为什么要这样做？难道演员的天性不就是为了表现自己的想法，让别人看到自己的才华吗？也许有些演员是这么想的，但即兴戏剧演员万万不能有这种心态，因为即兴戏剧是一场灵感协作的集体共舞，如果演员仅仅抱着要表现自己的智慧的心态，他就会和集体智慧失去连接，而自己的智慧会很快变得突兀，然后枯竭，直到他再次回到集体中，才能被更大的智慧滋养。

即兴戏剧的现场好像一个邀请更大的智慧降临在剧场中的仪式，甚至邀请观众的智慧一起参加，让灵感启发灵感，用智慧推动智慧，每个即兴戏剧演员所表达的内容都不是完全出自"我"的智慧，而是那个更大的智慧将故事推进至此，恰好经由某一个即兴戏剧演员的台词和行动在剧场中表达出来，所以令观众惊叹愉悦的并不仅仅是某一个即兴戏剧演员的聪明有趣，而是观众见证了整个团队在和集体智慧共创出的更大的智慧一起呼吸。跟随自然而然的感觉，随着心流展现，演员们好像无意为之，又仿佛被精心安排，直到演出的最后，他们才知道共创完成了怎样的故事。仿佛一个"剧场之神"在观众面前表演了一场魔术，而这场魔术背后的秘密，我称之为灵感协作。

灵感协作始于剧场，不止于舞台

回到开始那个"搬桌子"的故事，行动协作被不断地管理优化，而灵感协作的探索好像才刚刚开始，引导促使富有天赋的艺术家，以更整体、更谦逊的姿态迎接更大的集体智慧，让领导隐身在团队中与大家共创一个团队的故事，这种工作方法不仅仅在即兴戏剧的剧场里实践，也通过不止即兴在国内很多公司的创意部门中开始了探索。

本章介绍的方法，就是皮克斯编剧团队的工作核心方法。顺便一提，赖声川说《暗恋桃花源》就是运用即兴的方法创造出来的。隶属于腾讯游戏的天美工作室是一个创意艺术家的聚集地，游戏之所以被称为“第九艺术”，是因为游戏背后汇聚了各个极为专业又富有创意的艺术家，每一个游戏项目可能会涉及美术、建筑、文学、音乐等艺术，还有服装配饰、地理生态、气象天文等知识。天美工作室曾经找到不止即兴，希望解决艺术家的合作问题，我们就为它设计了创新型团队工作法的培训体系，让独立的灵感汇聚成更大的灵感，同时也邀请先来的灵感引出后面的灵感，让灵感激发灵感，用灵感汇聚灵感，营造安全的场域，培育孵化一个个成长中的灵感，也在团队中创建一个支持空间，让灵感得以大胆表达、积极试错、完善迭代，有一天可以成为“站上舞台”的英雄。

归来学长，有分享

/常斌 启承资本创始合伙人

回忆起即兴戏剧的体验依然历历在目，大家的“单日笑量”创造历史新高，此活动荣膺我们最棒的活动之一。即兴戏剧最大的魅力是可以让成员从日常团队的关系里解除拘束、走出来，在一个又一个有趣的场景里解放天性，被所有人看到，即使搞笑和有一点点窘迫，但很开怀。“Yes”之后的“and”，更是在不知不觉中让我们重新学习倾心倾力与人合作的方式，并由此开启奇妙的“化学体验”。期待在即兴戏剧新的篇章里有更多神奇的体验。

/梁以闻
格兰富水泵中国市场部

在公司举行的“WU 限可能”主题经销商大会上，为了与大会主题相契合，我们特意引进了“Yes, And 无限戏剧”作为年会活动项目。在那场灵感共创中，导师团队展现了高度的专业性，不仅运用“Yes, and”的核心理念，还通过戏剧表演的技巧练习，循序渐进地引导学员释放自我、勇于尝试、积极与他人合作，用渐进式的方法创造了出乎意料的精彩作品。

这种高效的创意表演成了活动的亮点，激发了每个参与者的无限潜力和创造力，同时大家又以自己的行动和改变更好地呼应并诠释了“WU 限可能”的大会精神。

/朱艳
通用电气诊断药业事业部GE医疗市场部市场总监

领导力是每一位员工都需要了解和掌握的技能之一。在“戏剧领导力”课程中，我们卸下自己的职位角色，在不同的随机场景里互相配合，或领导别人，或被别人领导。我们看到了自己的不同面，也看到了同事们的不同面。在不同的戏剧场景中，我们可以深刻地认识到针对不同的人群、不同的情景、要取得一致的目标，需要有针对性地选择不同的领导风格。

/吴昊
某知名跨国医疗器械公司市场部经理

陈峰是一个快乐的人，也是一个很容易向身边传递快乐的人。参加课程之初，我只是觉得陈峰挺有个人魅力，是一个很有表演天分的教练，但随着不断的课程体验，我发现看似漫不经心的练习活动中，有着非常系统化的循序渐进的培训进程，这个培训自成体系，把表演训练和商业场景融合起来，这是一种跨界的创新，对于新团队融入、团队默契配合度提升、团队减压都可以有很好的帮助，他让我们发现了自己的另一面。现今社会不缺乏创新，缺乏的是改变自己的心，另外，其实快乐很简单！

楷拓生物 CEO
/王潇

我在参加“戏剧领导力”课程，遇见陈峰老师之后，才发现戏剧和领导力还可以有如此奇妙的化学反应。

即兴戏剧不仅仅是在一个放松的场域下把身心彻底打开，我最大的感受是在“Yes”文化的前提下要相信集体的智慧和共创的力量。战略和计划很重要，但环境在时刻变化，凡事不可能完全做好准备再出发。先行动起来，再追求完美，过程和结果可能都会超乎预期。创业和人生都是这样，要在大环境的不确定性中，找到一群彼此信任和给予能量的伙伴。

去做一个行动派吧，在行动中寻找方向、在发展中调整策略，接受所有发生的状况。

大道至简，“Yes, and”是精神更是行动原则，是让你真正脚踏实地的正能量。

上海欧易生物医学科技有限公司联合创始人
/肖云平

在表演过程中，我学到了如何更好地与他人进行协作和沟通，并且拥有了快速做出决策和应对意外情况的能力。这些技能不仅在组织管理方面有用，还可以帮助我更好地处理日常生活中遇到的挑战。

即兴戏剧为我提供了一个放松和发挥创造力的空间，使我能够更好地开拓思路，从而得到更好的想法和解决方案。这种有趣且富有成效的方法，可以帮助我提高组织管理和领导力等方面的能力，我深信，在未来的工作和生活中，我会继续发扬即兴戏剧所教授的精神，持续提高自身素质和能力。

/何朗姆
勃林格殷格翰原技术创新首席分析师

区别于传统课堂，即兴戏剧所带来的感官冲击强烈，无须言语，动作即表达。即兴戏剧本身带有表演性质，从而深层次地引发了学员对于知识与个体及群体之间发生联系，全情融入到了每一个肢体的表达中。

因为这一新形式是绝大多数人从未体验过的，包括我自己，受此影响我也会在日常生活工作中加入一些不同角度的思考，自我探索对待新旧事物的新方法。同样地，每每与人提及即兴戏剧，更多的不是学习具体的某一个知识点，而是在那一刻感受到的人与人之间的共鸣，这是非语言沟通带来的认同。

/闪烁
PMPM 创始人兼 CEO

领导力在于"创造场域让能量最大化流动"。陈峰老师用" Yes, and"的精神，创造出"没有批判，只有支持"的场域，致使一群外行的演员，能感受到能量在流动，从而创造出"群体的奇迹"。将这样的感受和认知放回企业管理和实际的事务中，你会发现领导力的本质和提升路径。

/周永丰
番糖游戏 CEO

陈峰老师是我见过最有活力的那类人，他是即兴戏剧的魔术师，他的课堂如同一场奇妙的冒险，充满了无限的活力和惊喜。陈峰老师的独特之处在于他能够引导我们打破身份标签的束缚，回归内心的本真，释放创造力的无限可能性。

如果你的公司或者自己需要激发创造力，强烈建议体验下陈峰老师的即兴戏剧课程。

CHAPTER 8
第八章

给跨部门协作的工作坊：“呼吸式沟通”

在众多激活思维的练习中，我最爱“自由联想”，第二喜欢的练习就是“猜词游戏”了。当然，我们也把这个练习叫作“共情空间”或者“心有灵犀”，这里称为“猜词游戏”，纯粹是因为比较直观，符合不止即兴“简单自在”的价值观。

戏剧领导力练习“猜词游戏”

先来复习一下“自由联想”吧。从第一个词想到第二个词，再从第二个词想到第三个词，依次联想下去，比如：天空—飞机—空姐。就这么简单，但是“猜词游戏”的难度就大了，A 说“天空”，B 通过“天空”想到了“飞机”，然后通过“飞机”又想到了“空姐”。但是 B 不说出“飞机”，他要说出“空姐”，让 C 猜他通过“天空”想到了什么。只有完全符合心里想的那个词中的每一个字，才能算是猜中了。这就是“猜词游戏”的全部规则。

好了，我们在工作坊中把这个规则讲清楚，学员们就开始在小组里练习了。有些组猜对的概率还不错，每次猜对都会庆祝；有些组就没有那么顺利了，憋了很久还是猜不对。熟悉不止即兴工作坊的知道，我们的体验是为了呈现问题。“戏剧领导力”工作坊的四个步骤正是呈现—觉察—行动—转化。

看到这里的你，可以放下书，跟身边的小伙伴试一试这个练习，这样带着体验阅读，更容易理解后面的复盘分享。

“猜词游戏”背后的练习

说回这个练习。大家体验完之后，请回答我们的问题：

- 每个组猜对多少个？

- 猜对比较多的组来和我们分享一下：大家有什么经验吗？
- 猜对比较少的组来和我们分享一下：大家猜对比较少的原因有哪些？
- 如何提高猜对的概率？

这四个教练式复盘问题一出，现场开始觉察练习背后所训练的模式了。每组都晒出小组成绩之后，大家分享了一些讨论结果。

（1）猜对比较多的组有什么经验？

有人说：我们都说大家都知道的词。

有人说：词与词之间关联需要紧密。

有人说：我们都说了对应具体事物的词，而不说泛泛抽象的词。

有人说：我觉得第三个词最好把第二个词框定在一个范围内，这样别人容易猜。

（2）猜对比较少的原因有哪些？

有人说：他没懂我的意思。

有人说：他的想法太跳跃了，比较“二次元”。

有人说：我们的年龄、专业背景、工作经历、业余爱好都很不同。

有人说：我们没做过这个练习，还不太了解规则。

（3）如何提高猜对的概率？

有人说：多想着对方是怎么思考的。

有人说：说对方好猜的词。

有人说：多了解一下对方的特点，他之所以会说这个词，是因为想到了某件事。

有人说：说第三个词的时候，不能仅仅说出自己的想法，也要考虑一下，对方能不能理解我的想法，也许可以选择一个对方能理解的第三个词。

假如你用“教练式复盘”会发现，在最后一个问题里：“对方”这个词出现了好几次，这意味着这个团队开始触及一个重要元素——跨部门沟通中被重点关注的“同理心”。

什么是同理心

同理心就是设身处地、换位思考的能力，举个例子，通常吵架时我们总认为：

- 理在我这边。
- 这件事就应该按照我理解的这么发生。
- 凡是违背我预期的，都是反人类的。

这就是同理心的反面，再举个例子，你可能对同理心会有更深的理解。

我有一次骑着共享单车到了路口，刚好绿灯还有 3 秒，其实，这个时候不停车，也是可以骑过去的。我胆小怕死，生怕有意外，心想还有很多签了合同的课没去上，就没有冲过去，停下来在路口等待。就在这时，身后有一个骑着电动车的外卖员，大老远就按着喇叭大喊：“让一让啊！不过马路的别挡着！”然后从我身边擦着过去了，他抢在变成黄灯之前成功穿过了马路。我吓得不轻，自言自语道：“至于吗？”

这句话被旁边一个骑电动车带孩子的女士听到了，乐呵呵地顺嘴搭了一句："他送的那一单可能快超时了。"这就是同理心的例子。

"至于吗?"——我不理解，我的口吻带着评判、指责，甚至有些遵守规则的道德感，觉得每个人都应该像我这样，多等1分钟，不抢那3秒。全世界违反这个规则的人，都应该受到谴责。我和他是对立的。

"他送的那一单可能快超时了。"——女士看见了他可能面临的情况，理解他会这么做有可能是出于他所面临的困境，并且所做的选择有可能是能力范围内的最优解。这位女士没有以"应该"为标准去要求他，因此生出关爱心、慈悲心，甚至支持他想要摆脱困境的心态，这就是同理心。

表演训练就是同理心的训练

通常有朋友跟我开玩笑，说陈峰（更多时候会叫我"疯子"），你是学表演的，是不是在生活中特别能"演"？你有没有哪个时刻，分不清是"真的"还是"演的"？其实这恰恰是对演员这个职业的不了解。表演恰恰不能"演"，而要成为"那个人"。

斯坦尼的表演体系中，强调"我就是"，即我并不是在扮演这个角色——我就是他，我是《雷雨》里那个爱上了自己的继母，又被四凤的年轻生命力所吸引的周萍，在我那严肃的父亲回来之后，我不敢面对，想逃离这一切，想断绝这让我心惊肉跳的关系。因此，我的纠结、我的懦弱、我的痛苦、我的害怕，都是我作为周萍深切感受到的,我在舞台上所有的台词和行动都是有感而发,我低声下气、我声泪俱下、我高亢嘶吼,都是我内心的感受引出下意识的表达。我完全体会到了这种压抑的感受:一个看上去衣冠楚楚的少爷,过着好像衣食无忧的生活,但处处活在父亲的压制之下,被安排按照别人的命令生活。我无从反抗,感受不到自己生命的意义,甚至感受不到“爱”,我甚至不能确定我对继母的爱是出于冲动还是真情,也许二者都不是,也许仅仅是我借由这段关系向“父权”发出挑战——既然我战胜不了你,那我就偷走你心爱的东西。我又是懦弱的,我害怕了,投降了,想要放弃抵抗了,我愿意遵从父亲的决定,只要让我的内心能得到安宁。

以上就是我在学习表演时出演《雷雨》中周萍这一角色期间为其写的“人物小传”的一部分。为什么要为一个角色写人物小传,作为演员把台词说好,不就算完成任务了吗?写这些人物小传,观众又看不到。上学的时候,我们也觉得这是多此一举的,直到我成为一名戏剧领导力培训师,才发现这个训练是多么的有意义。这就是我们不断地练习“同理心”的过程,通过几句台词,不断感受对方所面临的情境、挑战,代入对方思考、感受,通过“冰山上”的表达,看见“冰山下”的世界。

后来我们在给很多企业的高管设计同理心的主题培训时,也会用到类似写人物小传这样的练习。在场域足够安全的时刻,很多高管,哪怕是钢铁一样的男人,都会流下感动的泪水。流泪只是手段,破壳才是目的,我们要突破自己的限制性思维,看见不同的人所处的不同情境,以及因此采取的不同应对机制。字节跳动有一条价值观叫作“多元兼容”，我们首先看见这个世界的多元性，而不是标准答案的唯一性，我们才能兼容更大的世界。在实际的企业中，通常情况是我们能看见多么丰富的可能性，做到多么大的兼容性，往往我们就能带领协调一个多么大的团队。

像呼吸一样沟通：双向倾听

回到“猜词游戏”这个练习，即兴戏剧团队为什么创造这样一个练习来训练团队成员？“猜词游戏”到底是在练习什么？同理心是如何在组织与组织之间发挥作用的？

这里我们要先提出一个不止即兴创造的概念——双向倾听。这是什么意思？

- 单向倾听：我听懂了你的意思；我在接收信息的时候，完全明白了你的意图、诉求、情绪情感。
- 双向倾听：我要按照你能听懂的方式，说出我的意思。我不能仅仅说我理解的，如果我理解的和你理解的存在认知差距，我要按照你能理解的方式，把我想表达的“翻译”成你能听懂的意思。我的“说”，是为了服务你的“听”。

在“猜词游戏”这个练习中，我们会发现，如果C能猜出B想的那个词，一部分是因为C很聪明，一下子就领会了B的意图。大部分是因为B更聪明，他想办法支持C猜了出来。所以这个练习考验的是说第三个词的智慧，我们如何有支持性地、有利他性地、设身处地替对方着想，让对方理解我的意思。对 B 来说，他需要调动更大的能量和智慧，确保信息的无误传递。

这个在组织里太重要了，每个行业有各自的语言，每个公司有不同的语境，甚至每个部门或者地区的人都会有自己熟悉的表达方式。如何实现跨部门顺畅沟通？重点就是我们传达出去的信息，是否在帮助接收信息的人"消化"。尤其是跨部门、跨区域、跨国家协调的时候，无法每次面对面澄清确认，用邮件沟通和工作群里文字描述时，我们是否把我们的"意图"描述清楚了。这本质上是一种同理心的表现。

"说"是为了"听"

对于说的人，有以下三个重要的自我提醒。

（1）我是否有一个具体的想法 B；我的内在是否是清晰的，而不是含糊的。

（2）我如何把这个想法 B 准确地表达出来，而且保证听的人不会理解成别的意思。

（3）我表达的方式，能否让听的人恰好理解成我要表达的想法 B，既不是 B+，也不是 B−，而刚刚好是 B。

在课上做"猜词游戏"时，曾出现过这样一个例子：

A 说：葡萄。

B 说：微醺。

C 猜：葡萄酒。

大家都觉得这个答案算是猜中的，但B说，他心里想的是：红酒，因此判定为“没有猜中”。因为B知道，我们的练习有这样一条规则：完全符合心里想的那个词中的每一个字。为什么会这么严格？因为这个练习就是在训练我们如何精准无误地传达自己想表达的信息。为此我们要调动一切资源来表达我们的想法，我们不得不找到更精准的词，又由于语言的开放性，我们又要避免歧义。

沟通中的能量密度

在跨部门沟通中，不止即兴团队提及信息的能量密度的概念，在“呼吸式沟通”工作坊中，会提到沟通中的“能量”与“专注”。这是即兴戏剧的基本概念，因为没有既定的剧本，所以演员的表达必须准确、清晰，信息的能量密度要求非常高，高到足够可以把信息准确地传递出去。

怎样算是高能量密度呢？在“呼吸式沟通”工作坊中，信息的能量密度可以从这几个维度评判。

（1）表达时的音量：轻轻地说和重重地说的能量密度完全不同。前者有可能接收者听不清或者听了不重视，后者会引起接收者的注意。

（2）表达时的情绪情感注入：面无表情地说和声情并茂地说的能量密度完全不同。前者只向接收者传达了信息，接收者多半没什么触动，后者有可能激发接收者的情绪，引起共鸣，激发内驱力。

（3）表达时的肢体语言：仅仅说出内容和手舞足蹈、调动肢体语言来表达能量密度也会完全不同。前者仅仅是了解了事情，有可能会让信息能量密度在传递中递减，而后者会激发想象，看见画面、听到声音，进而想到场景，会促使所传递的信息的能量密度不断递增，让接下来的信息落地执行更加有力量。

（4）调用视频、音乐、画面、举例、类比等工具，让信息的能量密度不断变大。

在组织中，往往信息在董事长这里是一种能量密度，到了部门总监是不同的能量密度，再下达到各个部门信息又会是另一种能量密度，最后到具体执行者那里，和最初的能量密度有可能是云泥之别。所以在"呼吸式沟通"工作坊中，我们格外关注信息传递时是以怎样的能量状态进行的。以上四个维度也是我们训练跨部门沟通时，为参与者设计的四步表达训练法的核心。

对于表达者，我们要注意表达的信息的能量密度，而对于接收者呢？"猜词游戏"同样也在训练猜词人的能力。

猜词人：专注，我看见你

即兴戏剧的两个基本元素是"能量"与"专注"，"能量"是对表达者而言，要保证信息的传递通畅，"专注"是对接收者而言，因为没有剧本，故事是各位演员现场探索出来的，各演员完全通过倾听来获得剧本信息，必须全神贯注地解读对方表达中的蛛丝马迹，我们也将这种训练放在企业沟通中，"像即兴戏剧演员一样倾听"，把对方所有表达的信息，都当成行动中的"救命稻草"紧紧抓住。在企业中也是这样，通常我们有既定的目标，但好像没有每一步具体怎么做的“保姆级教程”，全是事在人为，我们要依着个人理解来判断和揣摩，因此“猜词游戏”对于猜词人，做了以下刻意练习。

（1）换位思考：站在对方的角度思考问题，他为什么这样表达，背后的原因是什么？

（2）同理心：如果我是对方，面对这个情境，我会怎么想。

（3）下潜式倾听：这是《U型理论》中的一个概念，就是尝试深深地沉浸在对方的表达中，通过对方的表达，体悟表达背后未表达的部分。

为什么“猜词游戏”要让练习的人表达第三个词，让对方来猜第二个词呢？直接把第二个词告诉对方岂不是更快捷？这个练习正是在训练“说”和“听”的能力，有意思的是，就算我们直接说出想到的词，其实这个词在某种程度上也是第三个词，因为我们总有一个内在意图，以“第二个词”的形式出现。在组织中也是如此，任何的表达背后都有一个意图，不管我们说得多直接，“表达”始终是手段，而“意图”才是目的，“猜词游戏”就是要提升我们透过表达提炼意图的能力。

戏剧领导力练习“双头怪”

在我们开始懂得彼此的意图后，“双头怪”的练习就会变得更顺利了，规则是这样的：

（1）两个人合作说一段完整的话。

（2）每个人最多只能说三个字，最少要说一个字。

比如：

A：今天。

B：是一个。

A：特别的。

B：日子。

A：因为。

B：我。

A：即将。

B：分手。

这是个悲惨的故事，更让人意外的是，其实他们直到最后一刻才知道这是一个关于分手的故事。

双头怪

当A说“今天”的时候，他的意图是讲一个跟“今天”有关的故事，而B就顺势接过来说“是一个”，因此后面的对话就顺势展开了。

故事也有可能会更长一些，比如以“冰激凌”为主题：

A：我的。

B：爱情。

B：就像。

A：冰激凌。

B：那么。

A：甜。

B：那么。

A：冷。

B：那么。

A：硬。

B：因为。

A：当我。

B：不爱。

A：一个人。

B：的。

A：时候。

B：我会。

A：做自己。

B：当我。

A：开始。

B：心动。

A：我就会。

B：融化。

A：从而。

B：失去了。

A：原来。

B：的样子。

看到这里也许你会感到惊讶，但这确实是课上学员共创的即兴表达，不只是我们，就连学员自己也会"喜出望外"，他们也没有想到竟然合作出了这样的结果。

更长的句子往往需要更高的专注度，而这个故事里，两个人都在试图领会对方的意图，对方是怎么理解"冰激凌"的，对方又想讲一个怎样的关于"爱情"的故事，他们只有深深地发挥同理心，故事才能讲得合理且长远。

看到这里，读者们可以找旁边的人试一试这个练习。大家试过再继续阅读下面的内容会更有感触，这也是我们坚持做体验式培训的原因。通常在课堂上只是"看"和"听"，这件事情总是发生在"对面"，而真的去"做"的时候，事情就发生在了自己身上，有了觉察。

“双头怪”背后的练习

不知道大家试过之后有什么感受，我们在工作坊中，会有各种状况出现。

状况一，卡住说不下去了：天上—有一个—额。

状况二，前言不搭后语，鸡同鸭讲：今天—我—什么—特别—有一个—看见了—小偷—包饺子。

状况三，双头相互对话：晚上—想要—吃什么—你说呢—不知道—想一想—想不出—再想想。

状况四，“三字经”，每个人的词都有独立的意思：今（儿）早上—我起床—看见狗—在吃粮—我过去—带着它—出门去—遛遛它—过马路—抱起它—它拉屎—捡起来。

还有各种状况，此处就先列举最有代表性的四种吧，你做练习的时候出现了哪一种？为什么会有这些状况发生？我们通常说“好产品是好团队的副产品”，是先建立了一个好团队，好产品是在此基础上发展出来的，也可以说我们是“透过好产品看见好团队”的。对即兴戏剧来说也是这样，如果即兴戏剧演得好，一定是因为这个团队做对了什么；如果演得不好，我们看看背后呈现了什么样的模式？根据我们很多场工作坊的交付经验来看，这几种代表性状况背后的原因如下。

状况一：卡住说不下去了，找不到突破口，本质是“能量不足”的表现，抑制的能量大于表达的能量。“呼吸式沟通”中的“呼吸”就是流动的意思，我们的内在评判越多，外部表现越难突破，“额”

的过程就是自我阻拦、自我审判的过程。在即兴戏剧里，每一个表达都是有价值的，只要是行动就是正确的，最差的行动也比不行动好得多。所以，给自己更多的能量，先行动，再瞄准。

状况二：前言不搭后语，本质是“专注不足”的表现，我们并没有听懂对方的意思，因此所表达出来的内容并没有承接之前的信息。

状况三：双头相互对话，本质是“缺乏担当”的表现，总希望由对方来主导，像烫手的山芋一样对待控制权，希望快快把接力棒交出去，没承想对方也希望快点传出去，于是“双头怪”成了两个人的击鼓传花。

状况四：“三字经”，每个人的词都有着独立的意思，本质是“过度控制”的表现，为什么“双头怪”的规则是最多只能说三个字？其实这里体现了即兴戏剧的一个很重要的原则——“一点点原则”。也就是说，如果我说五个字或者七个字就“太多了”，也几乎决定了整句话的意思，因而被某个人的意图控制了。一点点原则正像前面提到的“带来一块砖，而不是一座教堂”一样，整句话并没有由某个人的意思完全决定，而是被推动一点点。这句话并不是 A 的意思，也不是 B 的意思，而是 A 和 B 共同发现了一个新的意思，这就是即兴的“意外之喜”。回看状况四，两个人有可能都希望表达一个决定性的词来定义这个句子，恨不得把七个字浓缩成三个字，因此就出现了“三字经”的情况。

没有什么是必须发生的

“呼吸式沟通”本质上是一种信息流动，在流动里发现“意外之喜”，我并不是带着一个“执念”和你沟通，而是在沟通中真正看见你，同时表达我。没有什么是必须发生的，我们创造一个信息如呼吸般自在地流动的情景，每时每刻、无处不在地保持和信息的呼吸，不去追随它，让它抵达你。

即兴戏剧像一个团队沙盘，把所有的假设都落实到行动上，我们以为我们在倾听，而在即兴戏剧里倾听与否一目了然；我们总说要授权，一旦玩起“双头怪”，心中就莫名地升腾起了控制欲。即兴戏剧的体验，就是让参与者：第 1 步，呈现模式；第 2 步，觉察模式；第 3 步，行动改变；第 4 步，转化发生。以演代练，“在战争中学习战争”。

归来学长，有分享

/程凯鸣 资深培训经理与教练

陈峰老师说：“热爱并不是每天都表现出积极和激情，你热爱做的事情每一件都很顺利，那是不可能的。我也会遇到困难、遇到压力，会有恐惧，这时候陪伴你勇敢穿过深渊，就是那份热爱的‘光源’。”

他在课上的分享深深启发着我，面对工作中的困境，逃避并不是根本的办法，我们的修炼恰恰是在困境中找到光源的“即兴之道”。

/罗莎 汤臣倍健集团人力资源高级经理

我与不止即兴团队相遇，既有“与君初相识，犹如故人归”般的亲切感，又有“闻道有先后，术业有专攻”的感悟，更被陈峰老师的人格魅力所折服。在跨部门协同能力培养、企业文化价值观宣导等一次次合作项目中，通过沉浸式、体验式学习，我们感受到了即兴戏剧是如何激发学员的思维活力和团队协作能力，如何寓教于乐，让学员从"知道"到"做到"的。汤臣倍健的"科学营养"之路上，感谢有不止即兴这样的伙伴一路支持！

未来，希望能和不止即兴一起继续实现更多可能，一起感受"Yes, and"的力量！

中国大连高级经理学院
/宋冰霜

第一次接触陈峰老师缘起于朋友偶然的推荐，但一想到要把综艺节目嘉宾、上海戏剧学院的表演老师、即兴戏剧演员陈峰老师引入国企高管的培训课堂时，我的内心还是十分忐忑的。陈峰老师和我们就定制化课程内容进行了精心设计和多轮讨论。课程交付后，我们的合作便一发不可收拾。学员们感受到了全方位的冲击，就像向貌似平静的湖面投一颗石子，这颗刻着即兴精神的石子激起了一圈一圈的身心变化，改变了湖面的微平衡和能量场，这种变化很难用量化结果或言语来描述，往往级别越高的学员所受到的触动和启发越深入，课程跳脱出压抑否定与羞涩拘谨，充满开怀大笑和无尽回味，妙不可言。

迪视医疗CEO
/崔迪

我参加了陈峰团队的活动，第一次正式地了解即兴戏剧，也让我们这些第一次见面的同学快速熟络和活跃起来。我惊喜地发现即兴戏剧其实不只是一种表演形式，通过迅速理解并响应其他成员的即兴创意，促进了团队之间的默契和信任，并且可以激发成员的想象力和创意潜能，通过这种方式在一个轻松愉快的环境下，让成员更加放松，从而加强团队凝聚力。所以我准备在公司内部团队中尝试用这种方式来做一些体验式活动。

/郁瑾晔
上海之禾企业发展有限公司
销售培训经理

即兴戏剧是一次体验放下自我、承接他人、释放限制的过程。在欢笑与运动中，学员们打破了社会赋予的壁垒，毫无束缚地去感悟课程想要传达的主题。无论主题是关于文化、技巧、管理还是其他，因为卸下了防备，因为看到了他人，因为拥抱着“Yes”，每次的收获都是超出主题，又深于主题。现代生活中总是充满了谨慎、防御、冲突，而即兴戏剧却像开启了平凡路上的一扇窗，把阳光洒在学员心上，细细感受这微微的温暖，让生命与生命贴近。

/冷伟
珈和科技 CEO

戏剧教育是我所接受的教育体系中从来没有接触过的领域，我更是没想到即兴戏剧会成为一门专业。通过陈峰老师的培训，我体验到了即兴戏剧的魅力，也收获了对于即兴戏剧的理解。不管是戏剧还是其他工作，好的搭档都会造就好的作品和好的工作成果，然而如何让大家往一个方向努力往往是管理者面临的难题。通过即兴戏剧，我们学会了对搭档信任，对工作身先士卒，对团队和组织包容和理解。通过这次培训，我们可以看到团队中的问题和自己管理模式的问题，值得大家再次体验。

/徐洁
腾讯咨询助理总经理

我们一起服务过很多 CEO，开场时常有人说“即兴太难了”，陈峰老师就笑眯眯地让大家一步一步动起来、跳起来、笑起来，在不知不觉中完成看似不可能的任务。其实松开头脑、情绪和身体的束缚，在当下体验陈峰老师的戏剧之道，生动立体地呈现群体互动，让每个人看见“我”也看见“我们”，并看见“我们”如何与世界共舞。

为什么他能让这一切发生得自然、轻松、欢乐，如同呼吸和微笑？我猜想是因为他已活在即兴戏剧的精神内核中——觉知、悦纳、冒险、转化、绽放和爱。

/张爽
琳玛（上海）贸易有限公司
前学习发展部培训经理

对于培训，大多数时候我们都恨不得它能带来的效果是立竿见影的，但结果却时常尴尬，毕竟培训对象是人。如果没能改善学员的主观能动性，课程顺畅也不是真的灵活高效。这是领导力相关培训的痛处。

遇到即兴戏剧之前，我没想到培训还能这么做，戏剧还能这么玩。员工被极大地尊重、信任，然后萌发出惊人的创造力。感谢"戏剧领导力"课程，让我发现培训就应该这么玩！

/古月
某互联网公司领导力
培训总监

行动式和沉浸式体验的共创学习，是近年来互联网企业喜闻乐见的领导力培养方式。通过即兴戏剧这种共创方式，将团队间的融合、连接、协作融于一体。"Yes, and"的理念精髓，通过共创过程中真实的现场反应，也同步映射在实际工作过程中隐而不见的各种关系。在团队共创过程中，共同打破惯性思维、拥抱变化，更加需要彼此给予支持和信任，创造正在生成的未来。陈峰老师的团队，营造了快乐、放松的氛围，充分展示了即兴的魅力和能量。难得的心流体验和"共同看见"，使得即兴戏剧在不同业务团队中的应用寓教于乐，好评如潮。

CHAPTER 9
第九章

给文化价值观落地的工作坊：“文化践行者”

如何让文化价值观喜闻乐见

当很多企业得知“戏剧领导力”工作坊可以做文化价值观宣导时，都感到很惊喜。大家都知道，企业发展到一定规模，领导一个企业健康发展的最重要的工具就是文化价值观。在系统逐渐庞杂之后，行为的监督和约束成本变得越来越高，而文化的影响开始变得重要了。因此在培训中，文化价值观的输出是最重要且最困难的事情。因为往往文化价值观宣导搞得不好，就会弄巧成拙。即兴戏剧这种群众喜闻乐见的形式，如果能够寓教于乐，把企业文化宣导于无形之中，那简直太美好了。所以“文化践行者”工作坊就成了交付量非常多的“爆款”产品。

多年的项目交付中我们发现，不管是互联网行业，还是医疗、快消、制造行业，很多企业的文化价值观都和这三个精神有关。

利他精神：用户为中心、以人为本、成就彼此、分享支持、诚信守正。

合作精神：多元兼容、共筑成长、开放共赢、求真务实、长期主义。

创新精神：勇于突破、敢为极致、积极担当、不畏挑战、目标导向。

大家可以回忆一下自己企业的文化价值观，看看能不能对号入座，如果有文字描述不同，可以理解成不同的中文描述版本。

为什么企业的文化价值观可以这么简单粗暴地归类总结起来呢？往小了说，这些文化价值观都是每一个创始人向往的美好品格；往大了说，这些被萃取出来的价值观，其实是整个人类文明发展的共识。也就是说，这些是世界运行的法则，是社会发展的客观规律和必然，一个企业就是做到了这些才能生存下去，那些没有做到的企业，要么消失了，要么奄奄一息。所以文化价值观就是企业的“生存之道”。

如果我们再仔细看一看上面提到的三个精神对应的文化价值观，你会发现，这些词之间有着某种联系。

（1）它们有一些共同之处。

（2）词与词之间有着因果关系。

（3）如果做到其中一个，另几个也能做到，或者想要做到其中一个，就必须做到另几个。

（4）同类别的词互换，也不会让人感到违和。

如果你看出了这些，那我们终于可以说出这句武断的话了：所有的文化价值观都是“Yes, and”。

“Yes, and”的文化价值观

用户为中心，就是对客户和市场痛点说“Yes”，并且以“and”的方式给出超预期的“尖叫级”产品。

以人为本，就是用关爱的方式，看见人、尊重人、成就人，对人的底层渴望说“Yes”。

分享支持，就是用“and”的姿态赋能支持，让当下的资源被充分利用，创造新的可能性。

诚信守正，就是对规则、规律、科学方法论、坚守的底线说“Yes”，正向思考、正向面对。

多元兼容，就是对和自己不同的人说“Yes”，不评判、不否定。

开放共赢，就是对未知说“Yes”，不恐惧失控，保持好奇心，关注增量收益。

共筑成长、成就彼此，就是向队友说“and”，我让你更有力量，你因我而闪耀发光。

求真务实，就是对当下的现状有清晰的了解，并以接纳的心态说“Yes”。

长期主义，就是不仅看见当下的存量，还用“and”的眼光看见未来的增长。

勇于突破，就是即便遇到困难，也保持不断“and”找解决方案的心态。

敢为极致，就是不断追求卓越，有永不满足的迭代精神，"Yes"我们当下的成果是这样了，"and"我们继续寻找迭代的最优解。

积极担当、不畏挑战，就是勇于正面硬刚的"Yes, and"态度，对困难也说"Yes"，在逆境中用"and"推动一场翻身仗。

目标导向，就是不断向前的力量，就像"Yes, and"精神，永远向着目标推进，永远保持行动。

我的读者都是聪明人，一看这些简单的描述就能秒懂，在"文化践行者"工作坊中，学员们通过行动体验之后的洞见又会更加深刻。

即兴戏剧的排练就是文化价值观排练

常常有人好奇地问我，即兴戏剧没有剧本，也没法按照计划准备，那么即兴戏剧演员是不是就不需要排练了？事实上恰恰相反，正因为即兴戏剧没有剧本和计划，演员反而需要更多地排练。那他们到底排练什么呢？排练的就是“文化价值观”，也就是在排练过程中想明白团队之间是怎么合作的，能否自我突破，以创新思维发现新的可能性，是否具有支持队友的利他精神，如何多元兼容地发挥集体智慧，最终推动完成“一出好戏”的共同目标。

戏剧领导力练习“电影海报”

这一次，我们想通过分享一个经典练习，来看看在戏剧领导力的体验模式下如何践行“Yes, and”文化。这个经典练习就是“电影海报”，意思是所有人共同完成电影剧情中的某一个时刻，它有些时候也叫“我是一棵树”。因为这个练习是从一棵树开始的。

我们一边做练习一边了解一下规则。

（1）5 ~ 7人站成一排，随便一个人向前一步，说：“我是一棵树。”并且身体摆成一棵树的形状。

（2）第二个人加入他，说：“我是树旁边的某某。”这个“某某”可以是任何一个东西，比如树上的花、树下的小草、树里的虫子。

（3）第三个加入的人说的要跟之前的元素有关系，比如前两个人说了树和虫子，第三个人加入，说：“我是把虫子从树里敲出来的小鸟。”

（4）下一个加入的人，要利用并包含尽可能多的已有元素，第四个人加入，说："我是挂在树上的鸟窝。"

（5）没有上场的人一个接一个加入的，任何一个人都可以作为"下一个"人，不用按照固定的顺序，谁想加入都可以，并用身体摆出自己所描述的东西的造型。如第五个人加入，说："我是鸟窝里正在孵化的蛋。"（双手抱膝，在鸟窝旁边蜷缩成一团）

（6）所有人共同完成一个故事，围绕着一个目标推进，第六个人加入，说："我是鸟窝里，已经孵化破壳而出的小鸟宝宝。"

（7）为了让故事不断地"变大、变丰富"，第七个人加入，说："我是缠绕着大树不断靠近鸟窝的蛇，准备偷走另一个没有孵化的蛋。"

（8）在所有人都加入这个"电影海报"之后，第一个人（做树的那个）会留下海报里的一个元素，比如留下"一条蛇"，其他人都退回去。

（9）第一个人说："我是一条蛇。"所有人再从"一条蛇"开始，一个接一个地加入，讲一个全新的故事，上一个故事里出现的元素，新的故事里就不出现了。

（10）第二个人加入，说：“我是把这条蛇收到金钵里的法海。”

（11）第三个人加入，做出拔剑的姿势说：“我是和法海斗法，试图营救姐姐的小青。”

（12）第四个人加入，双手举过头顶合十说：“我是法海身后被洪水漫过一半的金山寺雷峰塔。”

（13）第五个人加入，双手张开摆动着身体说：“我是狂风暴雨。”

（14）第六个人加入，瘫坐在地上，抱住法海的大腿说：“我是在一旁哀嚎的许仙。”

（15）第七个人加入，躺在小青身后，大哭说：“我是白蛇现出原形前，生下的孩子。”

（16）所有人都加入之后，第一个人留下场上的任何一个元素，比如他留下"狂风暴雨"。

（17）所有人退向后面，一个接一个地重新加入，讲一个全新的故事。比如有人说"我是在狂风暴雨下，步伐沉重且哭泣着的失恋少年"，一个新的故事又开始了，周而复始，循序渐进。

规则就是这样，简单吧！大家可以拉几个小伙伴来玩一下，不过即兴戏剧是一个"入门很简单，深入大学问"的戏剧形式，规则看上去简单，在真正做的时候，会发现"电影海报"这个练习，并不那么简单。所以在玩之前，我们还是先嘱咐一下大家。

"电影海报"的三个团队文化

分享控制权：对潜力保有敬意

大家会发现在刚才的例子里，每一个人都是自己决定加入这个故事的，而不是被别人安排的。所以即兴戏剧也在践行着，敏捷团队的重要精神就是"分享控制权"。在表演中，并没有一个绝对的领导能跳出来说："我有一个想法，咱们演这个故事吧。A 来演这个，B 来演这个，C 来演这个。"如果出现了这个领导，结果会怎样？——这个领导的智慧就成了这个团队的智慧上限，而其他人就只能听从安排，变成了"工具人"，只做"手脚"，没有"大脑"。

这并不是即兴精神，真正的即兴精神是发挥集体智慧，所有人支持所有人，所有人激发所有人，我们鼓励伙伴为我们带来"意外惊喜”，就是你从自己的视角看见了我没有看到的部分，你提供了一个意外且惊喜的角度。

因此，分享控制权的目的就是充分释放这个团队的潜在势能，让每一个大脑相互激活生成更大的智慧，同时让故事向更多的维度延伸。在例子中，那个偷鸟蛋的蛇，怎么也没想到，它在下一个故事里竟然是白素贞。

如果仅仅依照一个人的想法，我们早晚会抵达我们的认知边界，只有永远对未知的力量保有敬意，才能以谦卑的心态拥抱更丰富精彩的未来。

让团队目标清晰：将所有行动指向结果

虽然每个人都是自由的，想加入什么元素都是根据自己的想法决定的，不过加入的人也要思考自己加入的元素跟整个故事有什么关系。也就是说，团队所有成员都要看到这个“电影海报”所讲述的故事的目标是什么，即这个团队当下在讲什么样的故事。

所以让团队目标清晰有两层意思，第一层意思是：我清楚地知道这个团队的目标是什么。我能懂得每一个人的意图，也能够通过每一个意图看见这个团队的整体意图。所以我的加入跟这个团队的意图有关，就像 OKR 型的组织一样。

每个人都清楚地知道我们的“O”（目标）是什么，然后再看自己如何行动才能达成“KR”（关键结果）。首先所有人都看到了“O”，比如例子中的第 10 步，当第二个人加入说“我是把这条蛇收到金钵里的法海”的时候，所有人都清晰地看见了一个目标：这是一个《白蛇传》里法海收服白蛇的故事，因此大家就会围绕着这个故事开始，出现了“金山寺雷峰塔、小青、许仙”等其他元素，但如果这时候有人加入说“我是钢铁侠”，或者“我是葫芦娃”，就显然跟目标没有什么关系了。所以让团队目标清晰就是我明确地知道目标是什么，并且所有的行动都围绕着这个目标进行推进。

让团队目标清晰的第二层意思是：当目标还不是很清晰的时候，我的加入可以让故事的目标更清晰。比如，第9步中第一个人说：“我是一条蛇。”这个时候我们只看到了“一条蛇”，并不知道故事情节是什么，第二个人加入，说：“我是把这条蛇收到金钵里的法海。”这样我们知道了是《白蛇传》的故事。在第9步，我们还没看到《白蛇传》的故事目标，而法海的加入让我们看到了清晰的目标。其实，还可以有不同的目标选择，目前的故事版本是《白蛇传》，第二个人也可以说：“我是一个在蛇后面吹笛子的印度耍蛇人。”团队就获得了一个“街头耍蛇”的故事目标。你也可以说“我是泡着这条蛇的一瓶药酒”，或者“我是被这条蛇引诱着吃了禁果的夏娃”，每一次加入都从“一条蛇”开始，指引出一条明确的目标，从而展开了一个全新的故事。

也就是说，每个人作为组织里“分享控制权”的一员，不必等到目标更清晰了再加入，而是有责任和能力，让这个故事在第一时间出现目标，给整个团队行动的方向。

让你的队友更精彩：提供价值支持

在工作坊里，所有人都加入之后，我们会问观众：你觉得去掉哪一个元素，不影响整个故事？

这是一个好问题，大家开始重新看待每个元素存在的必要性。在前面的例子中，也许有人会觉得去掉第6步的“小鸟宝宝”不影响整个故事的结构，也有人可能觉得去掉第14步那个“哀嚎的许仙”不影响整个故事，虽然他们也有一点作用，但并不是那种“没他不行”的关键元素。

那我们就会再问大家：“你觉得谁的加入，在当时建设性地推进了这个故事？”也就是说“没他不行”。大家很快就会发现，第7步的“想偷走鸟蛋的蛇”让故事一下就紧张起来了，还有第10步的“把这条蛇收到金钵里的法海”，没有他，整个故事都不存在了。也就是说，那些扭转了故事走向的元素和那些让目标更清晰的元素“没他不行”。他们的作用都有一个显著的特征：“建设性推进”。他们为组织做出的重大贡献，不可取代。

去掉这个元素不影响整个故事意味着什么？意味这个元素几乎没有价值，可有可无，没有存在感，只是“Yes（跟随）”并没有“and（带领）”，因为“Yes”是看见、允许、尊重，“and”是推进、超越、建设性，可见团队中并不缺少跟随的人，但特别需要带领的人。如果我们只是一味地“Yes”没有“and”，有可能我们就不是团队的“人力资源”，而是团队的“人力成本”，有可能就被“降本增效”了。

一个团队之所以需要某人，就是因为他能给这个团队带来新的价值和资源型的贡献，所以练习的过程中，我们都在不断地审视自己的价值，如果团队中没有我，是不是依然可以保证团队的完整框架和稳定运行？如果答案是肯定的，那我们心里就要有点儿数了。（有一个练习就叫"预算不够了"，大致是说预算不够的情况下，五个演员的戏需要由四个演员来演，后来由三个演员完成，再后来是两个演员完成，最后由一个演员独自表演，结局是不需要演员，由旁白来描述现场的画面依然能讲好这个故事。）

腾讯近几年提倡的"零基思考"，即摆脱现有的框架从零开始对事物进行思考，有点像埃隆·马斯克提到的第一性原理，也就是思考事物存在的价值和必要性。什么是有价值的，就是能够推动进程、给别人提供价值的。简单地讲，就是"让你的队友更精彩"。

举个例子，我们在工作坊中，第一个人说："我是一棵树。"

第二个人加入说："我是树上的一个苹果。"此时这棵树就不是泛泛的树，而是一棵"苹果树"。

第三个人加入说："我是苹果树下思考的牛顿。"牛顿的加入使这棵苹果树有别于一般的苹果树，就变成了一个"景点"，是牛顿靠着它思考过的苹果树。第二个和第三个人的加入，都让队友变得更"精彩"了，他们也因此成了那个"没他不行"的人。

再举个例子，第一个人说："我是一块石头。"这个时候，这个团队里并没有目标。

第二个人加入说："我是石头里蹦出的猴。"团队目标清晰了，是《西游记》里的故事。

或者第二个人说："我是托着石头的女娲娘娘。"团队目标清晰了，是"女娲补天"的故事。

再或者第二个人说："我是在石头上睡觉的武松。"我们知道这个故事是《水浒传》中的"武松打虎"，接下来就可以有人做老虎，有人做月光，有人做松林，有人做老虎的口水，这些都可以。这些都是在"让团队目标清晰"，本来石头没有意义，别人的加入让石头有了意义，而后面人的加入都推进了这个故事发展，但如果这时候有人加入说"我是武松腿上的毛儿"，我们就会笑了。众所周知武松应该是长着腿毛的，但是我们为什么要在这个时候看武松的腿毛呢？所以去掉腿毛不影响这个故事。

在团队中，能给别人提供价值，才是我们的价值所在。

所以，分享控制权、让团队目标清晰、让你的队友更精彩。

带着这三个嘱咐，大家做这个练习的时候才会有收获。

敏捷文化的三个可视化标准

我在2013年从一名话剧演员转型为即兴戏剧演员，2014年成立即兴剧团，2015年接到第一个企业客户订单，从刚开始的"无人理解"到后来的"备受信任"，从最初的"即兴团建"单一服务到现在的"戏剧领导力"系统课程，2023年不止即兴持续服务了156家客户，几位负责课程的老师每年的总交付量超过200场。我在这里说这些，是想告诉读者，在"电影海报"这个练习中，我们发现大家表演的故事类别，70%都集中在一类题材里：现实主义题材——家庭伦理剧（婆媳关系、兄弟分家、隔壁"老王"、小三被抓，等等），这些"家庭大戏"的剧情大家既喜闻乐见又耳熟能详。这么演并没有什么不好，戏剧吗，就是源于生活而高于生活的（当然这也不一定是大家经历的生活），但是故事还有很多其他题材，比如武侠片（金庸系列）、宫斗剧（《甄嬛传》《还珠格格》）、谍战片（《色戒》《霓虹灯下的哨兵》）、惊悚恐怖片（《午夜凶铃》），国外经典（《泰坦尼克号》《罗密欧与朱丽叶》）、国内名著（《三国演义》《红楼梦》）也可以参考，甚至是动画片（《葫芦娃》《黑猫警长》）。通常我们在工作坊中提到这些题材的时候，学员们都会"哦！对哦"，恍然大悟。因为大家其实对这些故事并不陌生，但是为什么我们会习惯演家庭伦理剧或"老师请家长""医生收红包"的故事呢？

那些高频出现的故事，其实呈现了一个"思维惯性"：家庭伦理剧是我们最熟悉的思维模式，最“不冒险”。读者知道“戏剧领导力”工作坊的底层逻辑，并不是即兴教学员们演戏，而是通过即兴戏剧行动来看到一个团队合作创造的模式，那么我们会看到哪些模式呢？我们在“文化践行者”工作坊中为什么会选用这个练习？这和团队的文化价值观又有什么联系？

在“戏剧领导力”工作坊现场，我们会通过横向测评给出该团队敏捷文化的三个可视化标准的反馈，来帮助这个团队看见他们当下所处的文化价值观阶段。

敏捷性：在开始之前开始

这里的“敏捷”单指速度上的敏捷，也就是说，在团队完成“电影海报”表演的时候，从“第一个人”到“最后一个人”整体用时越短越好，为什么是这个标准呢？这背后代表着“专注”。敏捷团队通常具备非常专注的信息接收能力，以保证在第一时间提供支持。

在有些现场我们会看到，第一个人以一个很难支撑的动作加入很久了，催促他人“快点儿上啊”，后面的人还在犹豫，甚至问“之前都加入了什么元素”。全神贯注，就是要把握瞬间变化的动态，而不是“还没到我，不用关注”，是“随时可以开始，在开始之前开始”。这种聚焦的力量可以给团队带来更高密度的能量，用这口气冲破阻碍和限制性思维。

敏捷性也代表着团队勇气，不是我“有了万全的准备”再上，而是有了30%的灵感就实践，在行动和队友补位中丰富留白的空间。这种勇气来源于对自己和队友的信赖。信任+依赖，也是敏捷组织里通常强调的"背靠背"原理。有了这份信任，团队成员才有安全感和突破创新的勇气。

很多时候我们的"审慎"正是因为缺乏信任，即对团队支持的担忧，也有对自己能力的担忧，这让我们变成了"严谨"的人，总想自己是一个"全能的闭环"，而尽量不依赖他人。每个人都"独立、审慎、有边界"，团队的敏捷性就会降低，成员之间、部门之间信息的落地就会受阻，让整体进程缓慢。

所以，敏捷性考验着一个团队的凝聚程度，是我们给出的团队文化的第一个反馈。

拓展性：世界因我而更大

拓展性，顾名思义，拓展边界。我们经常问工作坊中的学员：你的加入，是让这个故事变得更大了，还是更小了，这什么意思呢？

> 第一个人说："我是一把菜刀。"
>
> 第二个人加入说："我是菜刀下面的菜板。"
>
> 第三个人加入说："我是菜板上面的一条鱼。"
>
> 第四个人加入说："我是鱼旁边的葱。"
>
> 第五个人说："我是姜。"
>
> 第六个人说："我是蒜。"
>
> 后面还可以加入八角、桂皮、辣椒等。
>
> 即便加到十几个人，这依然是"厨房一角"，更适合做美术考生素描的静物。

当然，团队还有另一种方案：

第一个人说：“我是一把菜刀。”

第二个人说：“我是一个抽着旱烟的磨刀老汉。”

第三个人说：“我是老汉戴着的蒙面黑色纱布，让他只留下眼睛露在外面。”

第四个人说：“我是一条绑着磨刀石的长椅，老汉坐在长椅上抽旱烟。”

第五个人说：“我是站在这个老汉对面的捕快。”

第六个人说："我是这个捕快腰间塞着的通缉令，上面画的就是这个老汉。"

第七个人说："我是捕快用来指着老汉的宝剑。"

第八个人说："我是他俩所在的废弃的大宅，这里正是三年前老汉杀害房主一家的现场。"

第九个人说："我是这个大宅后面的一口枯井，里面是老汉女儿的尸骸。"

第十个人说："我是废弃的大宅中丢弃的老汉女儿的婚约。"

第十一个人说："我是老汉带来的女儿生前最爱的小白花。"

同样是“我是一把菜刀”的故事，拓展性的不同，让两个团队呈现了两个完全不同的故事。第一个故事里，所有人都在“跟随”之前的想法，试图做一只“不担责、不犯错、不冒险的羔羊”。羊挤在一起，随波逐流，并没有目标感。他们的世界也并没有变得越来越大，反而越来越“蜷缩”。我们在第二个故事里，看到了一群有“勇敢开拓、全力探索、紧密协作的精神”的人。他们在动态中推进，他们专注于理解队友的想法，并各自为故事提供新的线索，以此来成就队友的想法，线索间又相互联系、彼此印证，每一个元素的加入，都拓展出故事的新“地图”。相比第一个故事，第二个故事中，“目标”很快出现，情节得到了延伸。

所以拓展性的背后，是突破的勇气、创新的精神、对更大未来的冒险。文化价值观往往是自上而下的，更是上行下效的，所以我们在高层管理者参加的“文化践行者”工作坊中会强调，“1 号位”要成为那个“胆子最大、看得最远”的人，他要最具拓展性，勇敢地把当下的局面拉升到一个新高度，先升维洞见，再降维落地。如果加入故事的第二个人选择了“菜板”的方案，这件事情就没有“升维”，还是停留在惯性的思维里，因此故事不断地向内“蜷缩”，不断挤压着所有的存量资源。选择“磨刀老汉”的方案，就把故事带到了另一个纬度，让所有人看见了更大的增量资源，也看见了故事更深的纬度，即“背后的故事”，让故事不断“升维膨胀”，最终获得了一个让所有人都意外的惊喜，又透露出感动和善意。团队协作和赋能就是会发展出这样的结果。

所以，拓展性展现了一个团队“敢为”的创造活力，是我们给团队文化的第二个反馈。

整体性：成为整体的部分

什么叫整体性呢？我换个词你就懂了——“全局观”。也就是说，我是只想着得过且过地关注自己这一亩三分地，还是能够看到更整体的全局，我叫它“操整心”：就是我心里装着队友、眼里盯着目标、脑子里顾着大局。光是说有点虚，具体表现在“电影海报”的行为上是什么样的呢？

（1）清晰完整地表达信息。

第一个人说：“我是一个房子。”

第二个人说：“我是房子里面的人。”

对第二个人来说，他肯定可以做一个“人”，但对队友来说，这个信息是不完整的，他是个什么人？是男人，还是女人；是老人，还是小孩？他是一个“打猎回家的农夫”，还是一个“在家织毛衣的姥姥”，或者“卧病在床的妈妈”，这都是完全不同的故事。

“我是房子里面的人”只解决了自己加入的问题，“我是卧病在床的妈妈”可以解决后面队友如何加入的问题，同时也给了故事一个大方向。这就是“心里装着队友”，也就是“整体性”的第一个纬度：表达信息的完整性。让队友看见你的意图，而不是猜出你的意图。

有些组更有意思，学员依次加入的时候说：我是爸爸、我是妈妈、我是爷爷、我是奶奶、我是外孙、我是小姨、我是大姑等，感

觉是拍全家福来了，但是一家人到齐了不知道来干什么，这个故事就变得没有方向了。

（2）当下局部 vs 未来整体。

整体性的第二个纬度：我看见了尚未展开的完整地图，而我的行动，在促进这个地图展开。前面那个“全家福”的例子，就是所有人物都在，但是并没有推进故事和目标。“我是爸爸”和“我是蹲着抽烟愁眉苦脸的爸爸”是两个故事，取决于我能否看到那个故事，或者有意识地影响发展出一个故事。不仅仅是做当下局部，而是通过做当下局部，和未来整体建立一个直接或间接的关系。说白了，就是一种全局观。

要这种全局观有什么用呢？这就涉及了很多企业提到的“主动、自驱、担当”之类的价值观，以上三个词是外在的“果”，而全局观是内在的“因”，具备这种全局观，在工作中我就能知道“为什么而做”“该如何做”“做成什么样”。这就是即兴戏剧演员训练的核心奥义，用“演员”身份执行，以“编剧”思维创造，从“导演”角度规划。

看见尚未展开的完整地图，这就是整体性的第二个纬度。眼睛不仅看当下局部，还看到未来整体的战略目标。

（3）以极致担当，为大局补位。

很多时候，我们也不仅仅加入做“人”，一个好的故事有很多关键性的元素。比如“我是他心里乱撞的小鹿”或者“我是他暗送的秋波”，还有“我是劈在发誓人头上的闪电”，这些都是推动剧情的重要部分。在某个“拿着菜刀的壮汉”的故事里，“壮汉的眼泪”就提供了关键线索，“不孕不育的检验报告”也成了画龙点睛之笔。

当“人的角色”固然简单明了，而且大概率会是“主角”，但能及时看到团队中需要补上的故事元素，及时补位加入了一个“重要意义”，也是团队中非常需要的。通常我们在工作坊中会格外让学员注意到这些行为。感知到团队的整体性，并且觉察到整体中的空缺，甘做绿叶，用精准的元素提升了整体性。这就是整体性的第三个纬度：以极致担当，为大局补位。

整体性的三个维度是递进关系：先完整清晰地表达自己的想法，再感知整体的目标方向，并为发展方向补充落地的细节。从打破小我，到成就大格局。我们是整体的一部分，所有人支持所有人。

- 敏捷性：在开始之前开始。
- 拓展性：世界因我而更大。
- 整体性：成为整体的部分。

这就是一个团队的敏捷文化三个可视化标准。

“电影海报”背后的练习

看到这里，你应该隐约感受到了“电影海报”中的一些价值观体现。前文我们提到“即兴戏剧的排练，就是价值观的排练”，最后我们回到最初的例子中，总结看看“文化践行者”工作坊中，每个人都是如何践行价值观的：

第一个人说："我是一条蛇。"

第二个人加入，说："我是把这条蛇收到金钵里的法海。"**（他让这个"蛇"变成了故事中的"白素贞"，给了一个更独特的设定——分享支持。）**

第三个人加入，做出拔剑的姿势说："我是和法海斗法，试图营救姐姐的小青。"**（小青让法海不是孤独地站在舞台上，而是有了一个对手，整体更有故事性——成就彼此。）**

第四个人加入，双手举过头顶合十说："我是法海身后被洪水漫过一半的金山寺雷峰塔。"**（他为整个故事设定了一个发生地点，虽然不是主角，但是在帮助组织里的"内部客户"完成他们想完成的故事——用户为中心。）**

第五个人加入，双手张开摆动着身体说："我是狂风暴雨。"**（同样地，他也在支持队友，加入了更多场景元素，让这个故事变得更有环境氛围，推向一个高潮时刻——多元兼容、共筑成长。）**

第六个人加入，瘫坐在地上，抱住法海的大腿说："我是在一旁哀嚎的许仙。"**（给画面增加了人的情感诉求，让这场打斗既有残酷的生死胜负，又共情了许仙，对于爱和离别的痛苦，从情绪本能中充分打动观众——以人为本。）**

第七个人加入，躺在小青身后，大哭说："我是白蛇现出原形前，生下的孩子。"**（孩子的出现同时解释了许仙为什么哀嚎，也让大家看见了一个新的元素，多维度发展故事的复杂性——开放共赢。）**

当然，在工作坊中，学员会有不同的体会，读者也可以解读出自己体悟的价值观。体验式培训并不是输出单一学习资源，而是营造一个资源充沛的学习环境，让体验者自己在园子里摘果子。我们再去另一个园子看看。

第一个人说："我是一把菜刀。"

第二个人说："我是一个抽着旱烟的磨刀老汉。"（建设性地提出了一个主角的形象，让"菜刀"的设定不局限在"厨房"，而是将关注点放在了一个有点特别的主角身上——勇于突破。）

第三个人说："我是老汉戴着的蒙面黑色纱布，让他只留下眼睛露在外面。"（补充了一个细节，给主角的身份增加了一些神秘色彩，让人感觉到这不是一个普通角色，既支持了上一个人的想法，又给接下来加入的队友释放了更多信息——积极担当、共筑成长。）

第四个人说："我是一条绑着磨刀石的长椅，老汉坐在长椅上抽旱烟。"（增加了一个场景道具，虽然对当下来说不是很紧急和重要，但对整个故事的搭建来说有了更多想象的空间——长期主义。）

第五个人说："我是站在这个老汉对面的捕快。"（从一个新的维度看到故事中的其他元素，给故事创建了一个新的角色，让故事多了一个新的视角——融合创新。）

第六个人说："我是这个捕快腰间塞着的通缉令，上面画的就是这个老汉。"（让故事有了新的进展，既衔接了之前的故事情节，解释了为什么捕快会出现，又为接下来的故事走向提供了新的"光源"——成就彼此。）

第七个人说："我是捕快用来指着老汉的宝剑。"（理解了"通缉令"的角色意图，并按照其想法延伸，丰富了一个极致性的细节，增加了戏剧冲突，使故事更有张力——敢为极致。）

第八个人说："我是他俩所在的废弃的大宅，这里正是三年前老汉杀害房主一家的现场。"（进一步推进了"通缉令"的故事目标，并更加大胆地描绘了老汉的"前史"，渐渐看到团队希望讲的故事方向，实践了"清晰团队目标"的原则，并将故事带向目标——目标导向。）

第九个人说："我是这个大宅后面的一口枯井，里面是老汉女儿的尸骸。"（继续沿着队友的想法，放大这个故事的冲突和戏剧性，让故事的天平再一次失衡——不畏挑战。）

第十个人说："我是废弃的大宅中丢弃的老汉女儿的婚约。"（证明老汉与房主是亲家，继续丰富故事的前因后果，充分支持之前的设定，并让之前开过的"脑洞"逻辑自洽——求真务实。）

第十一个人说："我是老汉带来的女儿生前最爱的小白花。"（有一种反转的力量，给故事的底层带来一丝温暖和善意，也让人看见了一个铁血而柔情的主人公——以人为本。）

由此，我们看到了一个完整的关于"磨刀老汉"的故事。也许是三年前，有一场喜事，但不知何种原因，老汉的女儿嫁过去之后过得并不幸福，甚至遭受不公，而死于非命（也许是投井自尽，也

许是死后被人投井），老汉一怒之下动了杀心。老汉三年来隐姓埋名，以磨刀为生，但又难以放下对女儿的思念。祭日之际，老汉带着一束小白花来祭奠女儿，最终被聪明的捕快蹲点抓获，法不容情，老汉好像也看到了自己的归宿。

这就是在不同的合作模式下，创造出的不同成果。

一个企业之所以选择这几种价值观，就是因为他们做对了这些，企业才得以活下去。所以，一场共创的表演就像是企业里的每个部门、每个人通力合作的一场秀。在这场共创秀里，我做对了什么得以让组织发展得更好、目标更容易达成？也许我是无意识间做到的，但我们要有意识地来总结，这就是体验式培训的意义。

一个团队的文化价值观，就体现在每一个人的行为和背后的动机中。我们用体验式的“电影海报”来观察测评一个团队的敏捷文化程度，也同时邀请每一个参与者来分享这个练习中体验到的团队精神，从敏捷性、拓展性、整体性三个维度中，看一个团队的文化价值观实践程度。由于每个企业的文化价值观和部门应用场景不同，我们也会在交付前，根据企业的文化价值观定制设计相对应的练习和反馈细节。

当然，类似“诚信”的文化价值观是内在信念，在“电影海报”练习中不容易马上从行为上看出来，所以当我们遇到类似的文化价值观时，都会增加另外的练习。比如汤臣倍健的文化价值观是“诚信比聪明更重要”，我们就在汤臣倍健的新员工入职文化宣导中，设计了“合规行为”练习。

文化价值观：让原本不能胜任的人，得以胜任

本章的第一个话题是：如何让文化价值观喜闻乐见？

是啊，这确实是一个很矛盾的问题，因为在企业里，一提到文化价值观培训，学员的第一反应就是"又是这一套"，因此参加"文化价值观"培训的学员是自带"免疫力"的。戏剧表演让他们先放下了戒备，我们并不是在做培训，而是让大家做个有趣的练习。这仅仅是药引子，药还在后面。

每当"文化践行者"工作坊到中后期的时候，学员再重新看企业的文化价值观，都会有一种既熟悉又陌生的感觉：这些曾经写在墙上和PPT里的词，今天发生在了我们的身上，体现在了我们的行动中，并因为遵循了文化价值观，我们创造出了惊人的成绩。当表演效果并不令人满意的时候，其实就是文化价值观远离我们的时候。

我们经常说，一个组织的力量，就是让原本不能胜任的人得以胜任，而是什么让组织获得了这种力量？——文化价值观。截至2023年我们服务的156家客户里，我们看到的企业的文化价值观，都具有积极、奋斗、卓越的品格，不会有任何一个企业把负面精神作为它的价值观。为什么？因为积极、奋斗、卓越的品格才是这个世界长久运行的真相，我们始终相信，人类社会能够长远健康地发展，一定是那些正向的信念护持着。所以腾讯坚持"科技向善"，汤臣倍健秉承"诚信比聪明更重要"，卡地亚的"分享、慷慨、开明、好奇、尊重、严谨、独立"字字珠玑，每一个都是闪耀

着光辉的优秀品质。这些品质不仅是一个企业安身立命的根本，还是一个个体能够成为勇敢的、完整的、行动得人的基石。所以我们在“文化践行者”工作坊中，真正想传达的其实是：在生活中，哪一个文化价值观是你的“第一性原理”？也就是说，抛开工作和企业，对你自己的成长而言：哪一个文化价值观是和你的内在秩序最契合的？又是哪一个文化价值观一直激励你成为现在的自己？未来又是哪一个文化价值观带领你超越困境，让你成为全新卓越的你？

文化践行：与光辉品格同行

“文化践行者”这个名字的奥义，是你在自己的文化信念里践行哪一种文化价值观？这个文化价值观不但服务于企业的目标，而且服务于你的个人发展。也就是说，我们在践行这些企业的文化价值观的时候，实际上我们是和“光辉的品格”同行，借由这些光辉的品格，让我们成为更卓越的自己。“借假修真、借事修人”就是这个道理，每当我们理解和实践企业的文化价值观时，都是经由这次实践打磨修习成一个符合这些光辉品格的自己。当我们践行这些文化价值观的时候，这些光辉品格也就成为我们的一部分。

事情可能会变，环境可能会换，但是这一次次打磨让我们成就了一个“勇于突破”的自己，在“目标导向”的激励下，有了更多“开放共赢”的思维，去创造“多元兼容”的可能性，坚持“以人为本"，用"成就彼此"的心态，"开放共赢"地把握每一个机会，面对变幻未知的未来时"不畏挑战、积极担当"，只要以"用户为中心"，"诚信守正"地向市场"求真务实"地提供价值，就会有一群伙伴"共筑成长"，一定会创造一个"长期主义"的未来。

我们在给卡地亚设计的"文化践行者"工作坊中，提出了一个概念："活出卡地亚精神。"也就是说，"分享、慷慨、开明、好奇、尊重、严谨、独立"，哪一条文化价值观是你人生的第一性原理，和你自己的文化价值观有哪些契合之处（我自己的答案是"好奇"，和我们一起共创课程的卡地亚高管是"分享"，每个人都会找到自己的那一条第一性原理。）。

我们找到组织的文化价值观和个人价值观最契合的那个连接点，通过这个点，组织实现了个人诉求、个人也成就了组织。

"文化践行者"工作坊的设计逻辑

本章仅讲了这个工作坊中的一个经典练习，"文化践行者"工作坊的实际交付中，我们会把文化价值观的宣导设计成三阶。

第一阶：澄清理解。企业的文化的价值观是什么，我是如何体验到的，我是如何理解的。

第二阶：建立连接。明确我和这些文化价值观的关系，我自己的人生态度和组织的价值主张相互激励。

第三阶：价值共生。价值观如何支持我活得更绽放，也就是说，这些文化价值观并不仅仅以文字的形式存在，而是真正成为组织成员的行为方式和信念。当每个人都按照这样的行为方式和信念在组织中行动的时候，好像这些描述文化价值观的文字就活了，组织也就真正地发展起来了。

“文化践行者”工作坊的设计逻辑

“听了很多道理，依然过不好一生”，这是因为我们以为文化价值观是“别人的、公司的”，和“我”没有关系，而“文化践行者”工作坊，就是用体验的方式，让文化价值观中那些优秀的品格存在于每一个人身上、存在于团队行动中。团队成员会共同见证文化价值观真正为一个组织的活力、效率、发展发挥的作用——价值观不仅是我们听到的道理，还是我们实践得出的“真知”，当人们真正受益于文化价值观的滋养时，人们就真的相信、真的去做了，这就是“文化践行者”工作坊名字的由来，也是这个工作坊真正的意义。

归来学长，有分享

/鲁彬
快手科技有限公司
人才发展顾问

传统培训课程会在知识层面教给大家很多，但是管理者们经常在培训结束后有"我可以，我不想"的反馈，"一学就会，一用就废"的情况是培训人心中恒久的痛。

与陈峰老师的合作，让我看到了一个新的可能性。"戏剧领导力"工作坊打开了一扇新的大门，营造了一个没有评判、勇于挑战与冒险、乐于说"Yes, and"的紧紧拥抱未来的全新的团队。

我在工作坊现场，看到大家毫无保留地把自己交给团队，发自内心地感受到团队合作的魅力，让我深受感动。每一个企业都需要开展一次即兴戏剧工作坊，每一个人都可以踏上属于自己的即兴之旅。

/毕海霞
首旅如家学习中心
执行校长

看见自己：我最早接触戏剧领导力是在2016年。我从事培训工作多年，第一次参加的时候我开始完全放不开，不能充分地打开自己。随着环节的深入，我慢慢地开始放下所谓的"不好意思"，与大家一起做各种尝试，渐渐大胆地展现自己，我感受了久违的快乐。戏剧领导力帮助我更好地了解自己的情感和思想，更好地与他人进行沟通和交流。

看见团队：这种快乐不仅仅是由自己产生的，更是来自与团队的每一位伙伴不断地交互，通过非理智脑的交流、感性的充分释放。一个好的领导者对团队的影响很大，包括创造力的激发、团队合力的迸发。

看见不同：通过扮演不同的角色、体验不同的人生，让我更好地理解人性和社会。戏剧领导力帮助我更好地理解这个世界的不同。

/施岚
星展银行（中国）有限公司

作为戏剧小白，如何掌握即兴戏剧这种看似疯狂的情绪表达方式，又符合逻辑的自洽？

在和陈峰老师再三确认交流之后，我们共同策划了星展银行“来自星星的孩子”自闭症青少年群体的戏剧治愈课程。剧场布满了星星，我们看着孩子们走出封固的内心，舒展肢体，自由表达，甚至比陪伴他们的志愿者更为解放天性，他们尽情拥抱戏剧的魅力。我的眼睛是湿润的。

陈峰老师的一段发言让我记忆犹新。他说：“这些孩子，像小小的蜗牛，在自己的世界里慢慢行走，我们带着他们走出蜗牛壳，接触更丰富的世界，他们会给你不经意的惊喜！”

我想即兴戏剧它的魅力，是从戏剧的强烈输出升华到观者的融入和共创，是快乐、是解压、是释放，也是治愈吧！

/吴月忠
姜歌机器人创始人、总经理

我作为联想之星创业营15期学生，正好参与了陈峰老师的一堂课。我们这代创业者，应该以什么样的姿态面对现在的大形势呢？我想陈峰老师用“Yes, and”精神给出了答案：“Yes”是连接，“and”是超越，以包容的姿态、以大海似的胸襟，发出你自己的“Yes, and”！

/李治平
某央企地产公司培训总监

对地产央企来说，引进即兴戏剧这种体验式培训是一个慎重的决定，尤其是给领导干部的培训更是如此。我们在陈峰老师身上看到了他的感染力和能量，这种能量也同样带给课堂上的学员，大家用体验的方式，把培训中讲述的道理变成行动，不仅理解，更是做到，让高管体验之后引发思考和学习。我们尝试了不止即兴“戏剧领导力”课程的其中一个模块，对于其他模块，我们也很感兴趣。我相信体验式培训是未来培训的趋势，希望这样的培训多走进国企、央企的课堂，为它们注入新的力量。

/王珂
腾讯高级战略经理、
资深战略经理

一场好的即兴表演，取决于创意、沟通、倾听与协作，而一个团队的发展、组织效能的提升也取决于此。与陈峰的交流让我觉得他不仅是一位优秀的演员，艺术造诣深厚，更难得的是他对企业管理、领导力有深刻洞见，并且还有作为培训师的感召力。在这次即兴戏剧的体验里，大家不仅玩得很沉浸、很开心，也意识到了自己作为管理者在带团队时存在的一些视角盲区，在这个新的频道里，大家唤醒了自己的觉知与智慧。

/碧容
肤漾品牌合伙人

我初识陈峰，是在中国人民大学商学院CHO班的课堂上，那场极具张力的"戏剧领导力"工作坊，毫不夸张地说，是我近十年来体验过最棒的工作坊，没有之一。

此后几年，我陆陆续续和陈峰团队有了多次合作，每一次的主题策划和落地执行都给团队带来了长久的能量、启发、惊喜和心流状态，或者是理性和感性之间的碰撞，或者是微观和宏观之间的反转，或者是当下和未来之间的连接。

都说"人生如戏，全靠演技"，而"戏剧领导力"工作坊是在虚拟的戏剧世界里，让我们不断地打开、感知、接纳，再回到现实的人生舞台中，持续地探索、点燃、创造，用即兴精神演绎好一个又一个属于自己的人生剧本。

/司强
某商业银行总行
菁英培训师

"放飞自我"这种状态说起来简单，想要真正做到却很困难。他人的目光、自我的瓶颈，都会将我们困在既定的角色中，周而复始，束手束脚。"戏剧领导力"课程用一种由浅入深的能量场域，引导置身其中的学员放飞自我、认知自我、突破自我，体会到有趣的灵魂也可以联结共创，发现平凡的工作也可以天马行空。给伙伴一次机会，重新说“嗨”，认识不同凡响的自己；给自己一次机会，心智迭代，见证共赴山海的可能。

/黄鹃
某欧美知名公司HR负责人

“戏剧领导力”工作坊像是一门绝好的轰开心房的大炮，没有任何理论说教，甚至基本不提及领导力有关的专业词汇，通过每个简单、有趣、易操作又无比智慧的环节，让所有问题客观直接地摆在大家面前，没有个人评判、模型测评、理论分析，原本模糊的沟通合作互动模式，就那么生动鲜活地摆在团队所有人面前，直指人心。“心”里的工作做通了，再去推进你和你的组织想推行的各类领导力工具、方法、体系等，就非常顺畅了。这个体验足够震撼，不可错过。

/赵明倩
希微科技HR

上课的整个过程可以说是层层递进、高潮迭起。因为我对即兴戏剧不太了解，其实刚开始是带着点好奇和怀疑来的，而陈峰老师先用新颖而有趣的破冰活动让我们打开了对即兴戏剧的探索，在此过程中，极大地释放了我们的天性，从而让我们更加放得开，后面团队合作的即兴表演既刺激又深刻，即兴戏剧可以是有趣的，也可以是索然无味的，作为即兴戏剧的参与者是否勇于去探索、去承担其中的责任，也是值得深思的，整个课程时时充满惊喜，同时也带给我们很多思考，非常值得推荐。

CHAPTER 10
第十章

给“我”和“我们”的工作坊：“多元文化融合”

即兴戏剧就是一个由“多元”构成的戏剧。它的诞生就是因为在编剧圈子里，人们发现由一个编剧把故事从头到尾写完成本太高、风险极大，创造力早晚枯竭。由不同文化、不同背景、不同专业，擅长领域不同的人组成编剧团队，就能够很好地解决创造力的问题。即兴戏剧受益于多元，也依存于多元。如何让这些个性鲜明的艺术家在一起碰撞的时候，不吵起来、不打起来呢？于是大家形成了一些“多元融合”的约定。

我和我们：“多元文化融合”的三个层次

上一章我们讲到文化价值观，而多元文化融合这个主题对培训负责人来说并不陌生，尤其是总部在海外的全球性公司，非常强调多元文化间的合作。

曾经有一家总部在德国的公司找到我们，说总部在全球范围内推广多元文化融合，希望我们用戏剧体验的方式来设计培训。其实这家公司的要求特别简单：希望让不同种族、性别、地区、年龄、学历背景的员工，都能在公司里充分发挥独特优势。

在那场“多元文化融合”工作坊中，我们把“多元”拆分成了三个层次。

第一层：物理多元。让不同种族、性别、地区、学历、年龄的人合作融合（完成命题）。

第二层：信息多元。让团队中出现不同的声音、不同的观点、不同的视角，同时可以捕捉感知一线市场新的变化（构建青色组织，并建立更包容的文化）。

第三层：势能（潜能）多元。看见每个成员自身潜在的可塑性，看见自己本身就是一个“多元集合”的人，组织也发现功能的边界不断延展，以便面对未来多变的市场（发掘高潜人才、唤醒活力组织、增强对变化的感知）。

我们的“多元文化”

“多元文化融合”工作坊除了让多重文化绽放，还影响了成员内部沟通、跨部门协作和组织发展的问题。后来，这个版本的工作坊在该公司里不断复制推广，我们也根据各个部门的业务场景，定制了属于它们成员的“多元文化融合”工作坊，这样既完成了总部作业，又解决了实际问题。

近几年让我们兴奋的是，有更多的中国公司在采购我们的多元文化融合课程，像字节跳动甚至把“多元兼容”写进了文化价值观里。

我们欣喜地发现，之前的风向是海外公司到中国发展，近几年中国公司开始“出海”，到海外开疆拓土，腾讯学堂的“远洋计划”就是为帮助这样的中国品牌出海而设计的。我们很庆幸，从 2014 年到 2023 年，不止即兴的体验式课程贯穿了这样一个壮阔的时期，支持也见证了中国品牌的飞速崛起。

因此在这一章，我们想多分享几个“多元文化融合”工作坊中的练习，来探讨如何用即兴戏剧的方式触达多元文化融合这个主题。

戏剧领导力练习“火星语”

这是我特别喜欢的一个练习，做法很简单。

（1）5 ~ 7 个人围成一个圆。

（2）由 A 同学随机发出一些无意义的声音，如“叽里咕噜哇啦”，传给对面的任何一个 B 同学。

（3）B 同学接收并重复这段声音“叽里咕噜哇啦”。

（4）B 同学再给出一段新的无意义的声音，如“呐咕呀柒”，传给 C 同学。

（5）C 同学依然重复上一段声音“呐咕呀柒”，再传给 D 同学一段新的声音“噶泣咪噜嚓嗞”。

（6）下一个人重复的时候，尽可能地还原上一个同学给出的声音，如果听不清就把听到的声音重复出来。

（7）声音随意、传给谁随机、传出声音的长短随意。

这个规则有点像“自由联想”的“无意义版”，读者可以试一试“发出一些无意义的声音”，这对有些同学来说是极其困难的，他们很容易发出类似“萨瓦迪卡”“康桑思密达”“哈库那玛塔塔”“土豆哪里去挖”“玛卡巴卡”这种我们熟悉的声音，这个时候，我们就会提醒他们，要说“无意义”的声音。

“火星语”背后的练习

“火星语”这个练习的精髓就是“无意义”，为什么“无意义”对我们来说反而更不容易呢？这背后有一个重要的信念——允许。

我是否允许不确定性？

我是否允许我在“不了解”的情况下，就表达出来？

我是否允许我的头脑不进行判断，而身体先行动？

我是否允许在我“认知以外”的情况发生？

我是否要控制好每一个变量，所有的输出都在我的“计划里”？

这背后，其实是对“多元”的限制，我要很熟悉、很了解、很掌握、很确定，才能允许行动展开，一旦出现“认知以外”的情况，我必须先熟悉了解，纳入我的现有体系里，才能视为“安全”。

所以在这个信念背后，“火星语”就非常有挑战性了，因为我要随机地发出一段不熟悉、无意义的声音，甚至还要接收重复别人发来的不熟悉、无意义的声音。这对我现有的“认知大厦”是一个非常大的挑战。

所以“多元文化融合”工作坊的第一个关键词，就是“允许”。

“允许”可以给我带来什么

允许失控：没有什么一定要发生，也许紧握着并不能够抓住更多。

允许无知：我可以不确定、不全知、不全能，可以和未知一起共舞，从而得到新知。

允许不同：每个人有自己的擅长和决定，不必以我的擅长和决定为标准，没有绝对的对错，只有相对的不同。

允许恐惧：当害怕来临的时候，它是在提醒我们需要集中精神对当下更专注，恐惧也是在提醒我们看清它是什么，而不是尽量不看它。

允许经验：我们不是以自身的经验为上限，而是允许新的经验迭代我们已有的经验。

“经验”这个词，具有时间的双重性，一个面向过去（是名词），是我们曾经积累的已有认知沉淀而成；另一个面向未来（是动词），是新的亲身“经历”后的“验证”，是在行动中，我们自身不断被“喂养长大”的过程。

“允许”，这是我们面对不确定的一种态度。当一个超出我们预设的情况发生的时候，我们先“暂悬评判”，不马上拒绝，以“允许”的心态，看一看当下真正发生了什么，虽然我们还不能完全了解和掌握它，但是这个“意料之外”是可以出现在我们的周遭的“陌生人”，我们可以和它在相互不了解的情况下暂时多待一会儿。

戏剧领导力练习“火星翻译”

现在的我们也许比较难说出“火星语”，但“一开始”时的我们并不是这样的。我们在婴儿时期喃喃学语的阶段，首先掌握的就是

“火星语”，那时语言还没有形成系统，我们并不确定每一个表达的发音，总是用一些“无意义”的声音代替语言，我们的身边人也仿佛非常能理解我们，通过这些“火星语”，以及带着肢体和情绪的表达，我们大概也能完整地构建出一套表达体系。我们的身边人会努力地猜出我们想说什么，并试图向其他人翻译我们的表达。

所以，接下来我们要介绍这样一个练习——“火星翻译”，这是一个运用火星语、肢体语言、情绪情感表达信息的练习。

（1）火星人 A 同学讲述一段火星语（呀斯咔尼卟滴呦），翻译家 B 同学来翻译成中文（来到地球很开心）。

（2）火星人A同学除了用火星语之外，也尽可能充分运用肢体语言和情绪情感来表达信息（火星人A同学两只手臂比画出一个大大的爱心，然后用两指指着自己的眼睛，再指着观众的眼睛，然后扶着自己的胸口双手摆手）。

（3）火星人A同学对于想要表达的信息是明确的，而不是含糊随意的（翻译家B同学想的是：地球人的眼睛都好圆好大，他们伤心和感动的时候眼睛里都会流出液体，而我就不会）。

（4）翻译家B同学尽量如实翻译火星人A同学想要表达的内容，而不是自由发挥（翻译家B同学说："想给地球人比一个大大的爱心，因为在这里大家都会看着对方的眼睛说话，而我们那个星球传递信息不是这样的。"）。

（5）有可能翻译家B同学的翻译，并不是火星人A同学想要表达的意思，但是在B同学已经翻译出来后，火星人A同学就对翻译家B同学的内容" Yes, and"，受到了新的灵感启发，继续发展表达下去（火星人A同学双手抓着自己的头，然后打开双手向四周扩散，触碰每一个观众）。

（6）翻译家B同学也有可能发挥自己的理解和想象力，不过都是基于火星人A同学表达的内容（翻译家B同学说："在我们那个星球，人们沟通都是用脑波向空中发出一个信号，在这个空间里的所有人，就都会同时接收到这个信号，只要我们有任何想法，所有人都会知道，所以在我们的星球，不存在'秘密'。"）。

这个规则也很简单，快去找一个小伙伴，两个人试一试吧。

“困难”在提示我们什么

在做练习的过程中，你有遇到什么困难吗？还是发现了惊喜？也许你有很多感受，欢迎来和我聊一聊吧。因为看到这里你应该明白，在体验式练习中，“困难”并不代表练习的失败，我们通常说“好产品是好团队的副产品”，而即兴戏剧恰恰就是一把考核的尺子，如果一个练习玩得顺利，我们研究团队成员做对了什么；如果一个练习遇到了很多“困难”，那我们就看一看是什么让团队卡在了那里。也许你遇到的“困难”恰恰就是行为模式中的“关键信息”。这里我们总结一下在实际工作坊中会出现的“困难”。

（1）火星人给出的信息太少，火星语过短、肢体语言和情绪也不够丰富，让翻译家“无从下口”。

（2）翻译家随心所欲自由发挥，根本不管火星人说了什么，只是说了自己想说的，并没有“翻译”。

（3）火星人没有采纳翻译家说的内容，不管是否存在出入，继续表达自己之前的想法。

（4）由于两个人都自说自话，导致故事看不到启发和推进，让表达的信息陷入平庸。

（5）两个人都不知道接下来要说什么，中途放弃了。

面对这些“困难”，我们首先会庆祝，我们想要解决的问题终于呈现了，然后我们会看一看这些“困难”是什么，为什么会出现这些“困难”，这背后的模式和恐惧是什么。

接下来我们要请出“多元文化融合”工作坊的第二个关键词了——“敌意”。请注意，这里“请出”的意思是：把“敌意”请出去，剔除掉。

你有觉察到“敌意”吗

“敌意”是武志红在《把事情做好的心理学课》中提出的一个概念，初看这个词，我们会感觉陌生，怎么可能会有敌意呢？把对方形容成“敌人”有点言重了吧。

其实在我们心里有一个“红灯”和一个“绿灯”，电影中，我们经常能看到一个妙龄少女会很轻易地夸赞一个五岁的小女孩儿可爱、漂亮，却对一个同龄少女挑剔苛刻。一个少年也许对爷爷孝顺照顾，却对父亲叛逆挑战。俄狄浦斯“弑父情结”也从精神分析的角度描述着潜意识中的“敌意”。

简单地讲，这个“敌意”就是你将对方视为“对手”还是“同伙”，你把眼前的这个情况看成“阻碍”还是“资源”。在《三体》中描述文明的进展时提到了一个词——“黑暗森林法则”，简单来说就是：每个文明都为了自身生存和发展而不断竞争，在竞争状态下，把一切其他文明不确定的实力和意图都视为威胁的“潜在敌人”，是保护自己最简单有效的判定。每一个文明都要延续，可以说寻求“安全感”是刻在我们骨子里的诉求。因此，当我们感受到不确定时，第一反应往往是进入应对威胁的战备状态。

这种出于自我保护的“敌意”也隐隐地发生在日常生活中。妙龄少女知道，五岁的小女孩儿对她完全不构成任何竞争上的威胁，她也完全可以掌控这个夸赞的局面。因此松弛感和利他心态就被允许了，他们建立了柔软合作的关系。当我们感受到无法掌控这个局面，甚至处于危险的境地中时，自保机制就会启动，在战备状态，紧张感、排他性、否定机制就会发生。

多元文化中，也会很容易把不了解的另一种文化，自动化归为对立的文化。本章的“火星人”和“翻译家”本身就是两种不同的文化和语言体系，这个练习的底层逻辑，就是尝试让两个系统之间相互融合、彼此促进，激发共创。

在“火星翻译”中，我们将另一种文化语言看成影响自己表达的限制条件，还是支持自己表达的有利资源，就会启动完全不同的两种行为模式。前者会抛弃对方、战胜对方、希望改变对方，而后者会兼容对方、支持对方、成就对方。这个练习就是希望让大家看见原来看不见的“敌意”，并把敌意“请出去”，在不带敌意的相处中慢慢融合。

“火星翻译”背后的练习

讲到这里，我们就引出了“多元文化融合”工作坊的四个“关键结果”。

关键结果一：表达

让想法表达出来，在这个表达的过程中，以“允许”的姿态，暂时悬置评判，不阻碍、不否定，打开好奇心，倾听来自另一个世界的声音。接收的品质决定了给予的品质，当我们有越来越多的

"允许"时，就会出现越来越多的"表达"。在"火星翻译"中，两个人都获得了"分享控制权"的机会，完全可以在属于自己的时刻，出于自己的意志充分表达自己的想法。

关键结果二：对话

"火星翻译"中，"火星语"和中文是交替呼应出现的，练习的规则就是两种不同的语言，表达共同的意志。允许一种文化表达，当然也就允许另一种文化表达，所以表达与表达之间，是产生"化学对话"的。也就是说，新的表达是基于旧的表达的反馈，后表达者囊括着先前表达者的内容。表达与表达之间是"共生、共舞"缠绕向上的关系（参考" Yes, and"对话模式），每一个表达者不是独自孤立地表达，而是依存于对话的氛围中表达。"对话"就是：我基于你表达，我为了你的表达而表达。

关键结果三：溶解

我们都知道，在任何对话的场景中，都有事实、观点、立场、信仰四个层面。

事实：独立于人的主观判断的客观事实，如"小区里有很多落叶""花园里有人遛狗"。

观点：对事实的不同看法，如"落叶让人感到萧瑟凄凉""狗狗好可爱""狗狗好可怕"。

立场：被位置和利益影响的观点，如"连落叶都不扫，小区物业的服务水平总是上不去""业主真难伺候，总有太多满足不了的需求”。

信仰：一套完整自洽的逻辑体系，如门派、宗教认为自己持有的逻辑是完全对的，可以解释全世界的所有现象。

当有这四个层面的对话出现的时候，就很容易引起冲突、对抗，这也是“多元文化融合”工作坊的“核心地带”。

在“火星翻译”这个练习中，我们经常发现，火星人想表达A，翻译家翻译为B，火星人后来并没有沿着B继续表达，而是沿着A继续讲故事，而翻译家也在继续沿着B的内容翻译，他们都坚持着自己的想法，都想让对方按照自己的想法表达。这个时候两种能量的对抗就产生了，此时，我们就会问两位学员，你说的内容里，表达了多少对方的意图？又有多少是自己的执意？让我们再来一次，加入“允许”，请出“敌意”，看看当下真正发生了什么。

溶：让坚硬的部分变得柔软，让凝结的地方开始流动。棱角变成触角，在新的世界里延展。

解：和解、化解、了解，即看见“对立”中“一致”的部分，找到最容易松动的开端，感觉自己的身体内在从战斗状态转化成依偎形态。

当我们从彼此对抗的战士变成相互需要的孩子时，溶解就开始发生了。

关键结果四：重塑

在“火星翻译”这个练习中，没有一个绝对的主导和跟随，火星人和翻译家各自带着自己的“已知”，提供给对方，并被对方启发，共同发现了一个“未知”。为什么以“火星”为题，就是希望两个人都去一个未知的领域，开拓出一个新的版图，而在这个过程中，各自的“已知”溶解到了正在生成的“未知”中，在相互带领和跟随中，重塑出了新的生命。

关于重塑的这个关键结果，我们会用一个更进阶的练习让学员来体验——“宇宙诗人”。

戏剧领导力练习“宇宙诗人”

（1）翻译家向大家介绍外星诗人。（翻译家：大家好，感谢大家今天来到“星球赛诗会”现场，我们很荣幸从外星邀请了一位诗人。他号称七步成诗，但是有一个问题：他只会说外星语、不会说中文。巧了，我在他的星球留过学，可以来帮大家翻译。首先，我们先来邀请诗人介绍一下自己。）

（2）外星诗人做自我介绍。（外星诗人拍着自己的胸口，又指向远方：阿鲁大哈塔塔，卡米西库哈力度。）

（3）翻译家根据外星诗人的身体形态和发音做翻译。（翻译家：我叫哈塔塔，来自遥远的“哈力度”星球。）

（4）翻译家邀请观众想一个作诗的主题。（翻译家：大家来到“星球赛诗会”现场，想要听哈塔塔作一首关于什么主题的诗？）

（5）观众给出作诗的主题。（观众A：凋零的秋天，观众B：甜蜜冰激凌，观众C：又见初恋，观众D：一片飘落的叶子。）

（6）翻译家从众多主题中挑选一个。（翻译家：那我们就选“一片飘落的叶子”吧。）

（7）翻译家向外星诗人用外星语介绍主题。（翻译家：雅思卡鲁启子咕，吧里鲁斯咔嗒呐。）

（8）外星诗人走到舞台中间，开始用外星语作诗，并运用肢体语言和语音语调。（外星诗人双手在面前煽动，抱着肩膀打了个寒战，又向远处走了几步：玛啦嘘呗——虚——啊酷喻——玛贝卡。）

（9）翻译家一边把外星语翻译成中文，一边重复外星诗人的动作。(翻译家：秋风迎面吹来，打乱了我离别的脚步。)

(10)外星诗人根据翻译内容的方向，继续说外星语作诗。(外星诗人蹲下双手打开，像小鸡伸头缩头、四处张望：呦可咪，布吉布吉布吉布吉。)

(11)翻译家可以在理解外星诗人的肢体语言和意图的基础上，适当发挥。(翻译家：当我就要离开时，我发现一只刚破壳的小鸡。)

(12)外星诗人继续用肢体语言和语音语调创作第三句诗。(外星诗人双手抱着肩膀，瑟瑟发抖：欧咧泣，索索索索索索。)

(13)翻译家也复刻外星诗人的动作。(翻译家：原来它和我一样，害怕寒冷。)

(14)外星诗人用第四句结尾，同时不要忘记诗的主题目。(外星诗人一边说外星语，一边继续做风吹过脸的动作，并从风中抓到一片叶子，放到小鸡的身上，给发抖的小鸡做了一些遮挡。)

(15)翻译家也要时刻记得诗的主题：一片飘落的叶子。(翻译家：让我给你一片温暖吧，我也不能再给更多，因为我们就像这片落叶，聚散不由你我。)[1]

外星诗人并不一定要做一首五言绝句或者七言律诗，诗也不一定要多么对齐工整合辙押韵，所谓的“诗”是像诗人一样思考，表

[1] 举例片段来自2018年陈峰、赫飞飞的不二蘑菇剧团《另外的世界》上海演出视频资料。

达的内容“言之有物”或者“言之有喻”，用意是让表达者跳出日常具体的语言，而用抽象艺术的表达方式，帮助有创造性地表达和思考，“重塑”一个正在生成的未来。

起、承、转、合 vs 表达、对话、溶解、重塑

为什么要用“诗”呢，这个练习的用意，就在于“重塑”。

外星语是模糊的，外星诗人的动作也是抽象的，而翻译家要做的，就是把这些抽象的、零散的、不同的元素运用起来，用诗一样的语言，围绕着主题，重新梳理形成一种新的意义。诗中的“起、承、转、合”，就好像“多元文化融合”工作坊的表达、对话、溶解、重塑的过程一样，每一句都好像有着融合的特殊作用，也会抵达融合后重塑的最终目标。我们来看看，在完成这个“重塑”的过程中，两种文化都做了些什么。

（1）第一句“起”。

外星诗人说第一句外星语的时候，也许并不能完整清晰地知道自己要表达的“诗”是什么，他处于探索的状态，外星人用**表达**发出了一个“邀请”。

当翻译家接受这个邀请，给出第一句中文翻译的时候，两个人清晰了方向：原来我们要讲一个“离开故乡”的故事。

（2）第二句“承”。

在第一句中文翻译出来之后，两个学员其实只是获得了一个方向，是一个支点，他们并没有完全看到“诗”的全貌，而就是依据这个支点，两种文化的**对话**就开始了。

外星诗人听到了方向，开始有意识地向这个方向延伸，再加入自己的表达，第二句外星语就出现了。这个过程中，虽然每次都是先说外星语，再翻译为中文，但并不是外星诗人一直做引领、翻译家一直做跟随的角色，**对话**就是两个人相互带领和跟随，共同探索生成新的发现，不断出现新的对话，在众多信息中，找到距离抵达目标最近的信息。

（3）第三句“转”。

在这个不断对话、不断生成的过程中，一定会出现超出某个个体认知的情况。大家面对这种“意外”，首先将它看作一个礼物，剔除战斗状态的敌意，放下对错、胜负、好坏的竞争意识，而是发现不同、利用不同，把这些多元的不同视作拓展边界的可能性。

所谓“转”，就是转化：把挑战转化成资源，把竞争转化成合作，把对立转化成互利，让边界消融、让彼此了解、让频率同步，用自己的特点连接对方的优势，从关注“我”到关注“我们”，**溶解**这一步就这样发生了。

（4）第四句“合”。

所有的资源向目标汇集，像是集齐了六颗宝石的无限手套：力量、空间、现实、灵魂、时间、心灵，这每一颗宝石都具有独特的作用，但当它们聚合在一起的时候，将具备一个全新的作用，这就是**重塑**。最终多元融合的结果，并非是所有特质的集合，而是生成了一个全新的生物，大家从未想象过、从未经历过的全新结果。

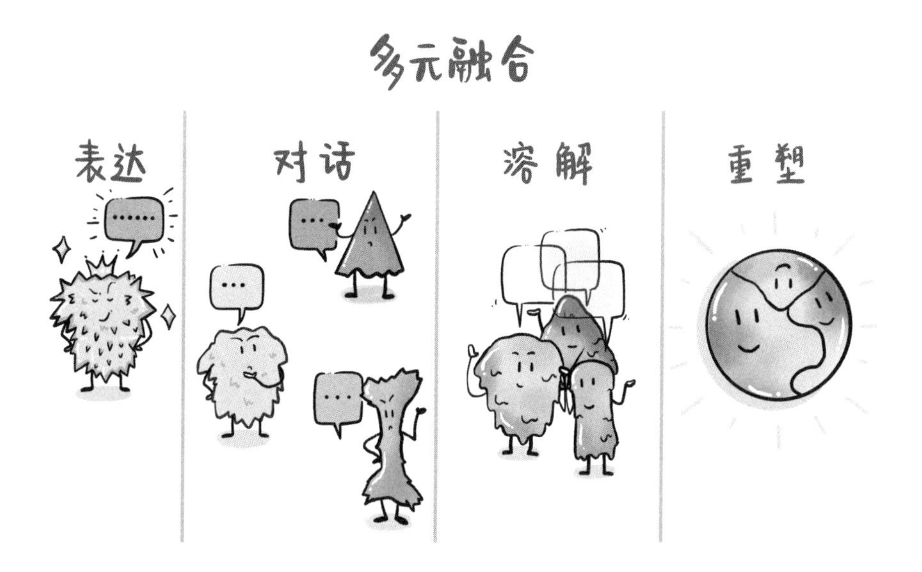

在前面的练习中，两位学员在完成“一片飘落的叶子”的四句诗之后，他们也非常惊讶，自己竟然完成了这样一个作品。他们面对不同文化，选择尊重未知，允许对方的表达，放下敌意开始相依，一步步经由“不知道”抵达了“知道”，让每一颗不同文化的宝石聚合在一起，重塑出了新的生命。

“多元文化融合”工作坊三段式

“火星语”“火星翻译”“宇宙诗人”这三个练习层层递进，不断优化个人面对“多元”时的行为模式。从“火星语”邀请“允许”加入，到“火星翻译”的剔除“敌意”，再到“宇宙诗人”看到多元文化融合的表达、对话、溶解、重塑四个关键步骤。组织的文化就是由一个又一个人的模式组成的，“多元文化融合”工作坊就是从个体模式出发，再把这个模式带回到群体场景中融合与运用。

在实际交付的“多元文化融合”工作坊中，我们会根据团队的人员构成和工作场景设计 5 ～ 7 个练习，让大家发现多元、拥抱多元、利用多元，也会探讨在未来的工作中，多元将如何支持我们。

拥抱多元的自己和未来

我们为什么要拥抱多元？我们为什么要多元融合？好像讲了一大圈，我们又回到了最初的原点。

非洲有句古老的谚语：“在结束的地方开始，在开始的地方结束。”

最初我们就提到：即兴戏剧就是由多元构成的戏剧。我们所生活的世界，也是由多元构成的。同事是多元的，客户是多元的，市场是多元的，产品和服务也是多元的，因此我们要拥抱多元。本质上，我们是通过拥抱多元，看见一个更大、更广袤的世界，看见更多、更丰富的未来。在这个世界的演化过程中，那些拥抱多元的生物存活了下来，因为适者生存，只有迭代、合作、重塑的生态系统才能得以幸存。它们进化的最终形态都是多元融合的结果。

从这个角度出发，我们再来看看最初提到的多元的三个层次。

第一层：物理多元。让不同种族、性别、地区、学历、年龄的人合作融合。

这就是我们带来的不同资源，像一场聚会中，每个人带来的不同“礼物”，这是我们彼此合作的馈赠，当我们将其视为挑战时，我们将会耗费更多的能量和心力；如果我们将这些礼物视为资源，我们就会顺应趋势，建立更大的支持系统。

第二层：信息多元。让团队中出现不同的声音、不同的观点、不同的视角，同时可以捕捉感知一线市场新的变化。

每个人的认知是有边界的，而生存和发展是一个“无限游戏”，这个游戏无法一把决定输赢，每个人像是在一个“永远不下牌桌”的游戏里，一直保持着增长的态势。要做到这一点，团队必须在高速行驶的过程中“眼观六路，耳听八方”，有人向前看，有人向左右看，还要有人用后视镜看，才能保证车辆的安全驾驶，随时躲避路上冲出的飞鸟和野兔。

第三层：势能（潜能）多元。看见自己本身就是一个“多元集合”的人，看见每个成员潜在的可塑性，组织也发现功能的边界不断延展，更好地面对未来多变的市场。

你相信你本身就自己经常面对着 VUCA 吗？虽然我们从出生以来身份证号一直没有变，但是我们的身份一直在变，我们的角色和职业也在不断发生转变，甚至每过一段时期，我们就有可能换了一种“活法”，以一种全新的视角和态度看待我们自己和我们当下的生活。不要以为过去如何未来就会如何，不必拘泥我是什么、不是什么，即兴戏剧演员的信条就是，我可以是任何事物，只有没尝试过的，没有尝试不了的。拥抱多元的本质，就是不断开发自己的势能，这是一项终生事业，是我们和自己相处的乐趣之一。

当我们开始拥抱多元的时候，我们就真正地拥有了一个更多元的未来。

归来学长，有分享

巴斯夫人力资源学习与发展经理
/孟音

我和陈峰老师的相识纯属偶然。在设计规划以“多元和包容”为主题的文化活动时，我怀着好奇和探索的心态，尝试采用了陈峰老师推荐的即兴戏剧。这次经历，不仅让我沉浸体验到了即兴戏剧所带来的各种惊喜和力量，还启发了我对将即兴戏剧与企业培训相结合的可能性的思考：用即兴戏剧来练习讲故事，用即兴戏剧激发团队共创力，用即兴戏剧反思自我领导力，用即兴戏剧提升设计思维……即兴戏剧的“Yes, and”精神，让我们彼此被看见，打开身体和思维的限制，释放小宇宙。通过有趣轻松的练习，我们快速破冰，提升专注、能量和热情。即便是熟识的同事，也可以重新认识，没有评判和否定，我们接纳和信任身边的人。在欢乐的体验中，表演者和观众都会发现团队共创的力量，它让每一个人的能量充分释放，我认识到了体验式培训对团队价值的影响力。即兴，让改变可见。

爱尔康 HRBP
/宋卓佳

我第一次接触陈峰老师的培训课，是通过一位非常资深的在企业做人才管理与组织发展（TMOD）的朋友引荐，她说：“陈峰老师的课很有感染力，而且他非常懂企业的文化和语言。”

有幸赶上陈峰老师有空的时候给公司的团队培训，同事们虽然已经共事很多年，但是那天下午在一起时的状态是前所未有的放松、打开，并且了解了彼此更多。同时通过陈峰老师设计的由浅入深、环环递进的练习，让我们慢慢地、深深地体悟到“Yes, and”的魅力和力量，而且更可贵的是陈峰老师知道企业的痛点和需要的东西，他能通过“Yes, and”的共创让我们明白悦纳对鼓励团队创新的力量，这对很多管理者的冲击都很大。到现在，我们还在自己的工作坊中经常引用“Yes, and”的概念。感谢陈峰老师将即兴戏剧和企业文化完美结合，让我们玩“嗨”的同时，紧贴着对企业文化的理解。

/胡奇玮
顺丰集团前领导力发展高级经理

我多次尝试将即兴戏剧用于顺丰高管培养项目中，无论线下线上，作为领导者，不要小看每个个体的能量！在即兴戏剧中，每个人都是创造者，每个人都可以去通过努力使队友、使团队更精彩。即使他在平常微不足道，但是只要给予足够的舞台，每个人的能量都不可小觑。领导者要做的是激发它，让团队中每个人的小宇宙爆发。

/陆嘉怡
字节跳动企业文化负责人

“Yes, and”是即兴戏剧的核心信念，更是在复杂沟通场景中，快速建立信任关系的妙方。我有幸多次参与陈峰老师带领的即兴戏剧现场，从二十多人到上千人的规模，无论场地大小、距离舞台远近，每当陈峰老师亮相，全场的注意力和情绪都无意识地被他的激情和专业牵引。拥有深厚演艺功底的他，善于调动学员们的五感，用视觉抓取事实、用听觉聆听心声、用触觉感受他者等，并用“自由联想”“前台 / 后台”等专业理论，鼓励学员自我表达、陪伴学员自我探索，并突破自我。他始终坚持建立一个安全、尊重、被接纳、被欣赏的氛围，由此让团队成员自由地发现自己和团队的无限潜能。

/郭郁婵
某互联网公司区域组织文化负责人

多巴胺带给你快乐，而“戏剧领导力”课程刺激你分泌多巴胺及内啡肽，让你愉悦，这就是即兴戏剧的力量。

陈峰的课程设计很巧妙，学员基本零门槛学习，在一次次表演任务完成后理解领导力里面说“Yes, and”的真谛。平常的工作场景中，我们更多的是说“Yes, but”，更多的是从自我出发，会花更多时间进行沟通的磨合与理解。在陈峰带领的工作坊中，你会深深地思考信任感和领导力的关系，你会理解领导力的底层假设是从内心真诚和信任开始的。希望每一个管理者都成为团队里的明星，再次极力推荐“戏剧领导力”课程！

拓思教练机构学员 / 佘勇强

短短几个小时，陈峰老师带领着同学们进行了层层递进的即兴戏剧工作坊，不知不觉间，内心的部分墙壁得以打破，而有些根基又得以巩固。

好奇心往往和童心联系在一起，承诺往往与责任和使命关联。感恩陈峰老师和同学们的共创对我的冲击，我也深信自己人生中的每一刻都朝着更美好的世界奔跑！

上海德筑企业管理有限公司高级合伙人 / 文楠楠

体验了陈峰老师的即兴戏剧，在表演中玩乐、在享受乐趣的过程中放大对管理的思考。我参加培训已经过去了两年，有一些画面还依旧会在脑内闪现，给我灵感。参与即兴戏剧是一次很好的对“工作关系”的思考，从“我”到“我们”，通过“Yes, and”的小练习，强行对别人观点的接纳的理念，先“Yes”再“and”，专治管理中不太喜欢聆听的领导。这是实实在在地沉浸式提高自己领导力的课程。

宜家贸易服务（中国）有限公司人力资源业务伙伴 / 张兴舟

我印象非常深刻的一次工作坊是陈峰老师带领我们一群人抛小球。从整个大组的互动到小组互动，整个教室从有声到无声，身体从紧张僵硬到最后动作行云流水。其实，这个过程也是企业中团队发展的缩影。不熟悉彼此的我们是如何合作，又是如何磨合的？我们用什么样的心态和方式抛出和接收小球？在练习的过程中，我们看到了什么、感受到了什么，又为彼此带来了哪些惊喜？在陈峰老师的带领下，我们有了非常多的探讨和觉察。

知行合一篇 · 正在生成的未来

"未来与即兴共舞，所有改变基于行动"

CHAPTER 11
第十一章

“戏剧领导力”工作坊面向未来的八个即兴精神

在本书中，我们分享了几个不同主题的“戏剧领导力”工作坊，这些都是不止即兴团队从2014年以来的交付现场的总结，而由于篇幅的限制，并未能完全还原现场精彩丰富的原貌，本书只能作为上过课的学员的课后复习手册，或者还没有上课的学员的课前预习大纲。期待我们能够在面对面的课堂上相遇，欢迎大家来和我们探讨。

我们特别感谢那些信任我们的客户，在他们还没有完全懂得戏剧领导力究竟是什么的时候，就采用了这种大胆的培训方式为他们的组织赋能，我们也因此把每一次交付当成答谢，以超预期的现场效果回馈这份信任。不止即兴走过了近十年，我们梳理经验总结成了本书，也希望在最后一章郑重地介绍一下，“戏剧领导力”工作坊中八个最重要的即兴精神，不止即兴一直奉为圭臬。

即兴精神一：说出肯定

“Yes”是一切的开始，当我们说“No（不）”的时候，其实不仅是拒绝了对方，还是拒绝了一种可能性，“Yes”是打开了通向另一个世界的大门，是不断地寻找增量、新知、边界的好奇心。

既然“Yes”这么好，我们为什么还会经常说“No”呢？这里隐藏着一个不容易被觉察的假设：我们总是习惯对自己的存量说“Yes”，人们都喜欢自己创造出来的东西，而对外部世界带来的新事物习惯性地否定拒绝。因为当我们对外部世界说“Yes”时，就意味着要对我们已经拥有的内部世界说“No”，当新事物加入我们的内部世界里的时候，我们甚至要对存量重新整理排序。简单地讲，就是“肯定”了别人，就是“否定”了自己，这在大多数人看来是很难接受的。

“说出肯定”这个即兴精神真正的奥义是什么？用道家的说法就是“大象无形”，根本就没有内部世界和外部世界的边界，一个人是否真的可以做到“大而无外”？“我”没有了具体的“形”和“边界”，我就是全世界的一部分，全世界可以从“我”的身体里经过，不是“我”在表达，而是更大的世界经由“我”传达。对一切说“Yes”，就是“我”的修炼可以成为一切，“和其光、同其尘”，“小我”逐渐消融无形，而更大、更智慧的“我”得以显现。所谓的“打破边界”就是以“君子不器”的心态，不再防守、没有对立，“我”可以成为当下需要的任何事物，像水一样既有形又无形，流动润泽。

即兴精神二：不仅说“Yes”，还要说“and”

“Yes”是认同、肯定、欣赏、连接、尊重、跟随。

“and”是启发、创造、拓展、推进、超越、引领。

在关系中，我不仅是那个一直说“Yes”的跟随者，还是那个提供价值、用“and”建设性超越的引领者，这样会构成一段健康长远的关系，团队关系如此，亲密关系也是如此。我们要时刻保持觉察：我是不是一直在“跟随”，或者一直在“带领”？如果是这样，你可以尝试切换到另一种模式，所谓张弛有度、阴阳互补都是这个道理。

回看物种长久以来的演化过程，那些对环境说“Yes”的物种快速适应了气候的变化，并且在变化中用“and”发展出了新的生存策略，族群得以延续至今。“道生一，一生二，二生三，三生万物”，《道德

经》讲的也是这个世界的“Yes, and”规律。在混沌中找到一个支点，它可能是简单的、模糊的、不确定的，而此刻虽然看不见它的全貌，但是我们不要否定它，要尝试发展它，也许最初的样子和最终的结果千差万别，重要的是我们找到了“第一把推手”。就像宇宙大爆炸从一个原点裂变成了各个星球，物质产生了生命，从无机物到有机物，从单细胞生物到多细胞生物，从无脊椎动物到爬行动物，从神经介质传导的简单生物到直立行走、学会运用工具和火种的智人，再到今天发起了人工智能革命的现代人，这个世界好像就是由“Yes, and”的法则构成，不断连接运用过去的成果，创造革新未来的新生态。

“Yes, and”是“道”，是万物生长的“法则”。

即兴精神三：没有错误，只有机会

很多人喝几口水才会游泳，摔倒几次才会走路。我们的成长史，可以说就是一部“试错史”。我们把“错误”分成两种，一种是“数学型”错误，比如加减乘除算错、小数点写错，这种是可以通过细心检查避免的错误；另一种是“实验型”错误，就是没有标准答案，必须要做出行动才能验证结果的错误。数学型错误是不被允许的，我们要反思在未来如何避免；实验型错误是被允许的，因为这是在打开未知的方式，只有鼓励尝试才能避免我们走弯路或者在未来犯更大的错误。

为什么会鼓励尝试实验型错误呢？我们只有先做、犯错，才知道真正该怎么做。发现这类错误之后，也不要轻易放过，我们要看看可以从错误中学到什么。我的瑜伽老师跟我说：做瑜伽动作时，摔倒的人都是英雄，因为他们在挑战舒适圈以外的危险区域，他们在做一件不擅长的事情。“试错”就是如此，好像我们在验证一个未知的假设，一次次在不确定中的行动，让我们探索到了从未抵达的未知边界，好像照亮了未知部分的地图，如果被照亮的地方恰好有一条路，那以后再来就是轻车熟路了。我的即兴戏剧老师跟我说：“如果我们行动的动机是为了避免错误，那么这个行动本身就错了。”因为实际上“规避错误”的代价，往往比“纠正错误”的代价更惨重。所以，失败并不那么让人喜悦，但失败必然会带来一个结果、拿到一个答案，因为失败是成功之母。

所以，去大胆地做吧，在未来，我们试错的成本会越来越低，而试错的收益将会越来越高，这个世界那么大，永远欢迎勇敢、爱冒险的英雄来探索它。

即兴精神四：让你的队友更精彩

利他，其实是一件反人性的事情，求生欲和安全感是刻在我们基因中本能的追求。大家通常想象，演员之间都是争奇斗艳、生怕风头被对方抢去的，但为什么即兴精神中还有“让你的队友更精彩”呢？本质上是因为一个词——长期主义。

即兴戏剧太冒险了，一个人无法面对那么多不确定，必须靠和队友合作才能完成；即兴戏剧也是一个无限游戏，不能仅依靠存量资源讲自己已知的故事，这样早晚会江郎才尽。因此，在这场冒险的无限游戏中，大家只有相互合作，才能获得更大的收益。当我向队友提供支持的时候，我同时也因为目标变得更清晰而获得了支持。旧的故事和过去的经验已经无法满足未来的需求了，我们面对不确定的未来，只有在合作中向队友提供支持，才是达成目标的最优解。

我在前文中提到，当观众走出剧场时讨论的是“某演员好有趣”，其实这场即兴戏剧是失败的，因为这种“有趣”不能够长久，是依着“个人英雄主义”的胜利。如果下一场没有这个演员参与，团队将如何保持受欢迎？即兴戏剧团队必须发展出一种能力，即建立模式和框架的能力，并且让这个模式和框架发挥效用。不是演员很厉害，而是模式很厉害，让各有千秋的演员，都能在这个模式里看见彼此、发挥所长，共同生长。

这个时候，其实我们是把“队友”也看成了自己的一部分，并不存在短期内的输赢，也不存在某一个人的输赢，而是纵观整个团队在取得结果的过程中共同的输赢。我们是整体的一部分，“把蛋糕做得更大，才能获得更大的蛋糕”，本质上这是一个长期博弈后最智慧的选择，让你的队友更精彩，就是让这个整体更精彩，因为你的行为也会成就队友。

组织和公司也是一样。我们之所以加入一家公司或者招募一些人才加入我们，就是因为我们想做的事情太大了，一个人完成不了。一个健康的组织拥有的力量就是“让一群平凡的人做出不平凡的事”。“戏剧领导力”工作坊，就是在练习一个组织打造“让你的队友更精彩”的模式。

即兴精神五：运用你的整个身体

“戏剧领导力”工作坊在做一些“变革项目”前期工作的时候，经常收到这样的反馈：“我们的资源有限，我们的人还不具备这个能力，市场还没有完全准备好。如果再提供什么，肯定能怎样。”这些声音都是在说一句话：“现在的资源不足以支撑行动和变革。”

这个时候，我们就会和学员用一场即兴戏剧表演来做一个实验。

在即兴戏剧中，几个演员站上舞台时通常是不知道自己的演出内容的，需要通过观众给出一个题目开始表演。比如，我们在第三章“拍手叫停”中提到的“包子”那个题目，演员就通过这个支点开始了故事，用“ Yes, and”的方式逐渐发展出一个完整的故事。体验过即兴戏剧之后，我们会问学员有什么样的感受。通常获得的答案是：没想到会演出这样一个故事。

这个时候，我们会和学员一起复盘刚才的整个过程。我们之所以把即兴戏剧称作实验，是因为即兴戏剧像极了我们的工作场景。即兴戏剧演员站在舞台上的时候，眼前是一片“空白”的，他们不知道要面对什么，也没有办法做任何准备，可以说就是在没有任何资源的情况下开始行动。他们把题目作为行动的目标，在行动中抓取到线索，将它作为下一步行动的资源，用“ Yes, and”方式不断利用新的资源，也把过程中遇到的挑战转化成资源，信息逐渐变多，资源不断扩大，故事越讲越丰富，最后获得了一个大家都没想到的故事。

是的，没想到，因为“想”和“计划”永远都只是一种假设。想的内容全是顾虑，再完整的计划也会百密一疏。即兴戏剧是“演员、编剧、导演”三位一体的戏剧形式。让我们把“心（体验者、演员）脑（设计者、编剧）、腹（组织者、导演）”都用上，放弃纸上谈兵，“运用你的整个身体”，用“脑”判断一个目标，有了 10% 的出发计划就用“腹”去行动，带着勇气、坚定意志，犹如盘古开天，在这个过程中，打开“心”的感知，去连接自己的内在，去感受他人和环境中暗藏的潜能和资源，一切为目标所用，又不断地发现新的目标。

所以“运用你的整个身体”吧，不止即兴会在“戏剧领导力”工作坊中鼓励学员：不是先有资源才开始行动，而是行动本身自带资源。

即兴精神六：忽略你脑海中评判的声音

我在艺术院校教授表演课程时，有学生问我：那些公认的“好演员”，是怎么把戏演好的？每当遇到类似的问题，我都会让学生仔细看那些“好演员”的背后发生了什么。我们说过，表演训练并不是给你做“加法”，没有人教你怎么哭、怎么笑，也不会有表演老师规定愤怒的时候手臂举起来的高度。表演训练的本质是做“减法”。

解放天性就是一个敲碎外壳、打破枷锁的过程，就是不断地剥离那些“保护壳”，把纠结、担心、恐惧、自卑、虚荣、顾虑、偶像等包袱统统都丢掉，一个生命挣脱了这些束缚，露出那个最率真、自在、果敢、灵动、敏锐的自己，他并不是在“表演”某个角色，而是瞬间连接到了那些真实的力量，是允许这些真实的力量透过自己呈现出来，所以“表演”恰恰不能“演”，而是要传达真实。当你的观众透过你感受到那份真实的时候，他们才会被深深地打动。

所以我会跟我的学生说：如果一个演员“演得好”，是因为他的束缚少。这不仅是一个演员的能力，也是我们希望通过“戏剧领导力”系列课程分享给每一个鲜活的生命的能力。如何减少这种束缚呢？这就需要我们在日常生活中，“时时勤拂拭，莫使惹尘埃”，觉察评判。

“评判”是我们对自己最大的束缚。我是一个内向的人，我是一个程序员，我是一个不擅长表达的人，这些特征带给了我们一种暗示，好像我们非此即彼、泾渭分明。我是什么、不是什么，我可以怎样、不可以怎样，于是我们好像把自己放进了一个玻璃房间里，可以看见很多外面的世界，但是我们抵达不了。更可怕的是，我们预言自我实现的时间越来越久，玻璃房间越来越小，我们会给更多“做不到”找到新的有力证据：他们是专业的，我没有这个天赋，我们成长和受教育的环境不一样，我受到原生家庭带来的问题影响等。

我们从工作坊中得到的经验不是这样的。常常有学员感慨，“认识你这么久，第一次发现你的这一面”，或者“原来你是这样的财务”，“多元文化融合”中我们提到：发现你自己的多元性，你远比你以为的更厉害。“表现＝潜力－阻碍”，对一个人来说是这样，对一个团队来说更是如此。我们连自己都不了解，更不可能了解其他人的潜能和可能性。“看人之大”，而不是在门缝里把人看扁了，要相信每个人的潜能，也要相信我们在一起能共创出的新潜能。

所以，我们不评判自己，就会获得很有力量的自己，充满行动的动力；我们不评判团队，就会运用团队当下的真实潜能，获得一个非常有生命力和创造力的团队。“忽略你脑海中评判的声音”实际上就是不设限、不纠结、不恐惧，用“允许”迎接惊喜。

即兴精神七：聚焦在接收和给予上

能量在流动中才能发挥最大价值。“呼吸式沟通”里讲到，我们能做的就两件事：“接收”和“给予”，像呼吸一样每时每刻关注这两件事。我所有的“给予”也都是为了服务于你的“接收”，我所有的“接收”也都承载着你所有的“给予”。

为什么在即兴精神里“接收”和“给予”这么重要呢？因为“ Yes”就是接收，“ and”就是给予，这两件事情组成了“当下”。当我们总是停留在对过去的悔恨和懊恼中时，我们实际上是拒绝了对当下的接收。我们好像启动了逃避机制，希望通过否定过去改变当下，往往这样只能让我们错过更多的当下。当我们充满对未来的恐慌和焦虑时，我们也在放弃对当下的给予，我们就容易封闭自己，不再输出行动。要知道，生活其实是即兴的，是不可被完整计划且充满意外的，甚至根本就没有过去。我们所经历的“过去”很可能是一个假象，像一场“罗生门”，我们如何解释它，它就会如何呈现给我们。我们所设想的“未来”也并没有真实发生过，仅仅是为了满足我们的恐惧或期待的心理。过度沉浸在“未来”中，反而限制了当下的行动。

对舞台上的即兴戏剧演员来说，他没有“过去”和“未来”的概念，只有“接收”和“给予”的行为准则。舞台上发生的一切都是“礼物”，要接收这些不那么完美甚至糟糕的资源并且利用好，然后不断给予行动来推动未来的发展。

“聚焦在接收和给予上”换成我们熟悉的说法就是“活在当下”，接收当下的力量。

即兴精神八：给自己一些冒险和挑战

在参加体验式工作坊之前，有些学员会惴惴不安，觉得“即兴戏剧”这件事看起来危机四伏、困难重重。在每一场“戏剧领导力”工作坊中，我们就是在模拟一个有压力的危险情境，让团队在试错成本最低的情况下，慢慢地把团队参与者放置到我们设置的这个既有一点点危险，又完全可以胜任的“局”里。学员就在这个虚拟的现实中，做冒险和有挑战的事情。大家从尝试简单的练习到游戏进阶，难度逐渐增加，刚把学习圈变成舒适圈，又发现踏进了更大的危险区域。这就像极了我们工作中所面对的真实场景，作为面向未来的管理者，我们就是要不断地做有挑战和困难的事情，字节跳动的领导力原则中就有一条是："不畏挑战达成目标。"

当我们觉得一件事情很难的时候，实际上我们是在把"那个事情"看得大了，而把"我"看得小了。也许实际上并没有那么难，只是我们在提前为自己和他人对有可能出现的失败做了心理建设，这是一种"弱者心态"。即兴精神是默认每个人都拥有所有资源，如果所遇到的一切都不足以战胜这个挑战，就调动整个团队的力量，这是一种"强者心态"。

我们的日常工作中，只有解决一个更难的问题，其他问题才会迎刃而解。在学员们完成了一场场让人惊喜的即兴戏剧之后，我们会发现，我们只有不断地去冒险和挑战，才会把那些看上去更难的事情变得容易，把那些复杂的事情变得简单。

当我向大家分享这八个即兴精神的时候，你会发现，这好像不仅仅是在讲舞台上的即兴戏剧，更像是讲积极的生活态度。是的，我们一直认为“生活就是一场即兴演出”，所谓即兴精神就是：不为过去而后悔，已经发生的不去否定，接收它并从中获得支持；不为未来而害怕，拥抱它、创造它，对当下身边的一切说“ Yes, and”，用积极行动的力量创造好运。

所以“ Yes”的力量是巨大的，著名即兴戏剧大师基思 · 约翰斯通（Keith Johnstone）留给世界这样一段话：“有人喜欢说‘ Yes’，

有人喜欢说‘No’。说‘Yes’的人会被奖励一段冒险的旅程，说‘No’的人被奖励他们已经拥有的舒适圈。”

为什么我们会说“No”呢？因为说“No”是我们本能的需求，是祖先留在基因里的代码。原始人的生存环境特别险恶，崇山峻岭危机四伏，随时可能会有凶猛的野兽扑过来，就算采食植物也有中毒身亡的风险。那些偏好冒险的祖先在一次次试错中身亡，只有谨小慎微、循规蹈矩，重复已经被验证的安全的生活方式的祖先存活了下来。追求安全感是我们长久以来的生存策略，所以我们都是“追求安全”的后代。虽然工业文明已经几百年，但是相比于人类进化演变漫长的历史还是沧海一粟。严格地讲，我们还是带着“原始人”的身体和本能，但我们所处的时代和原始的生存环境有天壤之别，现代人类很少担心猛禽野兽对生命的威胁。这个“新世界”里人与人的差距会因为“冒险程度”拉开。在过去冒险是一件成本极高、收益极低的事情，因此说“No”更安全。进入现代社会，冒险成了一件成本极低、收益极高的“高收益”事情，所以我们用即兴精神作为领导力的思维模型，就是想要传递一种精神：未来的VUCA时代，会对那些冒险说“Yes”的人更好一些，因为这些冒险的人会不断地获得新的资源和视野，让他们达成了更大的成就。

唯有勇敢，不止即兴

“Yes”就是永不停止、不断更迭成长的第一动力。实践创作“戏剧领导力”工作坊的交付团队我取名叫“不止即兴”，“不止”，也与“Yes, and”精神中探索不止、成长不止、挑战不止、以终为始的即兴精神呼应。

不止即兴的队服背后，就印着一个大大的“Yes”，这个单词是用我们在工作坊中分享的关键词汇集而成，成为我们这个团队的魂。而不止即兴的logo也是由一个四块拼图组成的更大的拼图，也印证了不止即兴的口号是“共创团队心流”。我们很兴奋找到这样一个具象表达，这就是“即兴精神”和“领导力原则”的体现：我们和团队在一起，成为团队的一部分，创建一个合作、支持、安全的场域，让团队成员彼此融合，并且发展这个拼图，培养出更多、更大的部分拼在一起。在复杂情况下有着清晰的目标感，不断突破、迭代、升维、判断和寻求最优解，在这个过程中不害怕挑战、不拒绝困难，在逆境中成为“光源”照亮并引领团队走向充满光明的“应许之地”。

这是一个导演带领剧组的能力，也是一个领导者影响组织的能力，更是每一个普通人把生活过得越来越好的能力。所以，我们经常说，这场“戏剧领导力”工作坊的结束，恰恰是这个课程真正的开始。“Yes, and”的即兴精神实际上在生活中是每一个细节去试炼。打开这本书，我们走进即兴戏剧的世界；合上这本书，我们回到生活的舞台。我和我的团队成员深深获益于“即兴精神”，成为一个勇敢的、完整的、行动的团队，也希望你看到这里，能够理解我们坚持推广“戏剧领导力”项目的初衷。

我的学生回忆起那个对他影响深远的时刻：最后一场毕业演出登台前，在后台，我邀请所有学员手拉手围成一个圆，说：“目前为止，我已经把我相信的都分享给你们了，接下来的舞台是你们自己的旅程。坚定地把这场即兴戏剧演下去，不用担心失误，因为观众没有剧本，你们也没有剧本，也许从来就不存在标准的剧本，就像你们毕业后的人生。选择自己相信的路，走下去，不要改变。”

同样的话也送给看到这里的你，在未来的生活中，选择自己相信的路，用“Yes, and”的心态，一路披荆斩棘，成为自己生活中的即兴英雄。

唯有勇敢！

——本书成于2023年9月，作者陈峰及其团队探索戏剧领导力十周年之际

约翰·科特领导力与变革管理经典

约翰·科特

举世闻名的领导力专家，世界顶级企业领导与变革领域最为权威的发言人。年仅 33 岁即荣任哈佛商学院终身教授，和“竞争战略之父”迈克尔·波特一样，是哈佛历史上此项殊荣的年轻得主。2008 年被《哈佛商业评论》中文官网评为对中国当代商业思想和实践有着广泛影响的 6 位哈佛思想领袖之一。

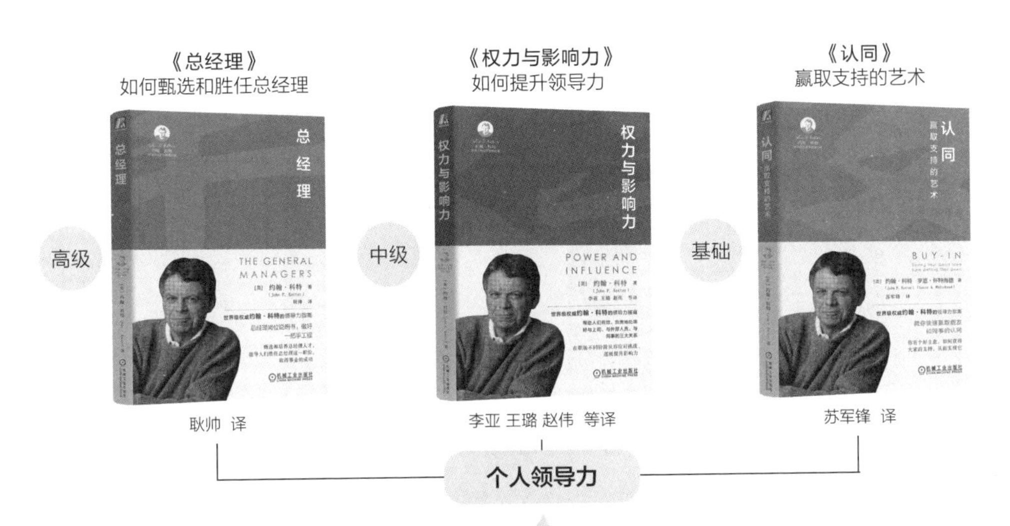

大师经典助你应对急剧变化的新世界

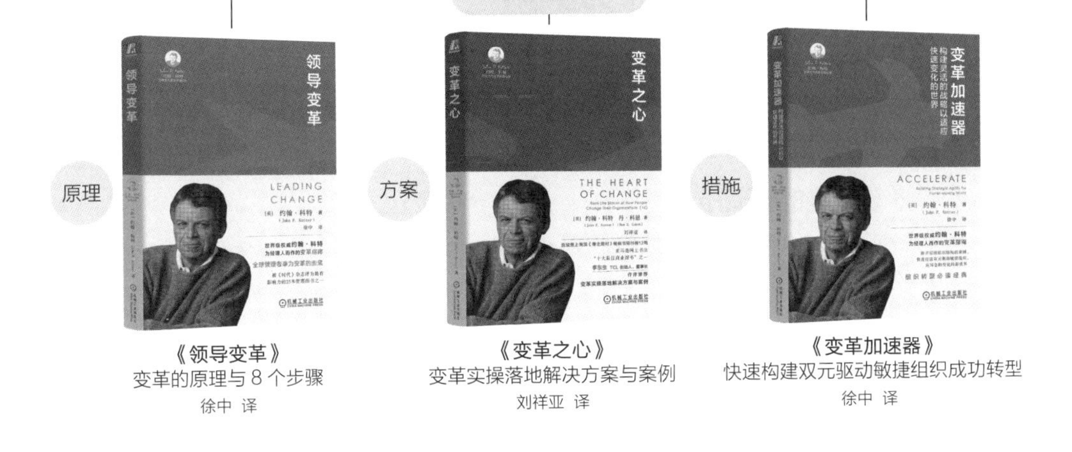